Managers, relisez vos classiques !

De Zola à Houellebecq, un autre regard sur l'entreprise

Groupe Eyrolles
Editions d'Organisation
61, Bd Saint-Germain
75240 Paris Cedex 05

www.editions-eyrolles.com
www.editions-organisation.com

Conception : Hung Ho Thanh - *www.loaloa.net*

Mise en pages : STDI

© Groupe Eyrolles, 2011

ISBN : 978-2-212-54961-4

Sophie Chabanel

Managers, relisez vos classiques !

De Zola à Houellebecq, un autre regard sur l'entreprise

EYROLLES

Éditions d'Organisation

Remerciements

Je remercie de tout cœur l'équipe du magazine *Histoire d'entreprises*, qui m'a encouragée avec enthousiasme à m'intéresser à ce sujet. Sans eux, ce livre n'aurait pas vu le jour.

Sommaire

Chapitre 4

Petites magouilles et grandes lâchetés : y a-t-il une place pour les « purs » ?

Chapitre 5

Le client est roi !

Introduction

Avec ses scandales à répétition et ses dysfonctionnements choquants, la crise financière et économique initiée aux États-Unis en 2007 a terni l'image de l'entreprise – s'il en était encore besoin. Recherche du profit à court terme, absence de gouvernance, impuissance des organes de contrôle, délocalisations, iniquité, suicides : quand l'entreprise fait la une de l'actualité, c'est le plus souvent pour dénoncer ses dérives. En même temps, les failles profondes révélées par cette crise montrent les limites des approches purement techniques.

Aujourd'hui plus que jamais, il est nécessaire de renouveler le regard sur l'entreprise, de prendre de la distance et de sortir des sentiers battus. Pour cela, le regard des écrivains est un prisme original, loin des ratios en cascade et des jargons éphémères. Humain et sensible, mais aussi drôle et provocateur, il invite à une réflexion féconde sur toutes les facettes de l'entreprise, des plus opérationnelles (marketing, management de la qualité...) aux plus philosophiques (place de l'homme dans l'entreprise, place de l'entreprise dans la société).

Du côté des classiques, Zola, avec son célèbre *Bonheur des dames*, n'est pas le seul à avoir prêté sa plume au monde de l'entreprise. Maupassant ou Jules Romains se sont aussi intéressés au sujet, dans des textes passionnants et souvent injustement tombés dans l'oubli. Malgré l'idée reçue selon laquelle tout se transforme de plus en plus vite, on y découvre que les aspects fondamentaux du pilotage d'une entreprise sont restés exactement les mêmes. Pour prendre l'exemple de la relation commerciale, la transformation des modes de vente, avec la montée en puissance du commerce électronique, ne doit pas faire oublier les principes immuables du commerce : l'écoute du client et la compréhension de l'autre. En se plongeant dans des « études de cas » littéraires parfois publiées il y a plus d'un siècle, on revient au cœur des problématiques, au-delà des évolutions techniques et des effets de mode du management.

Chez les romanciers contemporains, de même que chez certains cinéastes, on observe depuis une dizaine d'années un regain d'intérêt évident pour le monde du travail. Certains ont une vision caricaturale de l'entreprise, mais d'autres, présentés ici, abordent avec finesse des sujets délicats : reconversions, culture d'entreprise, souffrance au travail, éthique. Sur des thèmes aussi subjectifs et humains, leur regard sensible est plus pertinent que certaines approches théoriques, trop désincarnées pour bien rendre compte du réel.

Enfin, l'approche du monde économique au travers des œuvres littéraires donne l'occasion de (re)découvrir des textes magnifiques : une façon d'élargir sa culture générale et, surtout, de s'offrir de grands bonheurs de lecture. Ne boudons pas notre plaisir !

Chapitre 1

L'ENTREPRISE FACE AU CHANGEMENT

Mobilité, employabilité, adaptabilité : le monde du travail a fait du changement une nécessité vitale, une injonction, un mot d'ordre – rien d'étonnant puisque, nous dit-on, c'est le monde entier qui change de plus en plus vite. Au point que la conduite du changement est devenue une discipline à part entière, et le gagne-pain de centaines de consultants.

Le roman de Pierre Mari *Résolution* le montre avec force, ce mot fourre-tout sert parfois d'alibi pour faire avaler des pilules amères, en particulier des mutations hasardeuses et des reconversions brutales, qui passent par pertes et profits expériences, métiers, savoir-faire, hommes et femmes. Pour les romanciers contemporains, le changement est souvent synonyme de supercherie, de violence et de traumatisme – au point que le personnage principal de *La Question humaine* trouve refuge chez les autistes, tandis que celui de *Notre aimable clientèle* finit en asile psychiatrique !

Chez les écrivains plus anciens, le changement n'est pas une manipulation mais une épreuve imposée par les circonstances, qu'il faut franchir avec succès pour survivre. Certains, comme le négociant de cognac des *Destinées sentimentales*, y parviennent, non sans peine : après une phase d'interrogations, d'hésitations et d'états d'âme,

M. Pommerel opte pour un compromis entre modernité et tradition qui assurera la continuité de l'activité. À l'inverse, d'autres chefs d'entreprise échouent – le fabricant de porcelaine Barnery dans le même roman, ou la famille Buddenbrook chez Thomas Mann. Ces faillites soulignent une obligation absolue du chef d'entreprise : celle de comprendre le monde qui l'entoure et de ne jamais, au grand jamais, se replier sur lui-même.

LA RELIGION DU CHANGEMENT

Résolution

PIERRE MARI

Centré sur le point de vue d'un jeune cadre, *Résolution* raconte les errances d'une grande entreprise récemment privatisée qui porte le doux nom de Nexorum – un nom à la Orwell, anonyme et pompeux. Tout l'intérêt de ce roman publié en 2005 réside dans la singularité de ce regard, sensible, aiguisé, mais non dépourvu de bienveillance. Car le personnage principal, sans avoir rien d'un naïf, est attaché à cette entreprise par un mélange de fierté et de loyauté. Une position dont il assume l'originalité, constatant qu'« *au fil des années, la majorité de ceux qu'il a côtoyés, tous niveaux hiérarchiques confondus, parlaient et agissaient comme si un bras de fer acerbe les opposait à l'entreprise* ». Lui, au contraire, tente de participer, avec son intelligence et sa morale, à cette construction collective, au bien commun en somme. C'est cette posi-tion originale qui le rend d'emblée si attachant : sa remarquable lucidité, il souhaite la mettre, malgré tout, au service de son entreprise. Mais cette courageuse recherche de cohérence devient peu à peu intenable. Au gré des diversifications hasardeuses, l'entreprise vénérable se délite et la souffrance monte autour de lui. De par sa position d'« *opérateur de mobilité* », chargé d'accompagner la reconversion des salariés, il la reçoit de plein fouet.

Loin des caricatures et des formules à l'emporte-pièce, le roman montre avec subtilité comment une mutation ratée peut détruire les repères, les métiers et les individus. Un roman exceptionnel par sa hauteur de vue et par son écriture élégante et précise, dans laquelle chaque mot frappe par sa justesse.

Le discours est tout prêt à sauter, comme un ressort. Ils commencent par vous dire que, bien sûr, vous savez travailler en équipe, qu'on peut toujours compter sur vous. Mais que l'entreprise a changé, ces dernières années, et qu'il y a des "valeurs" que vous n'avez pas bien intégrées. Le mot est lancé, et à la suite, c'est comme s'ils lâchaient leurs chiens : vous ne "changez" pas assez vite, et quand vous "changez", ce n'est pas de la façon qu'il faudrait. Et puis vous ruminez, vous rabâchez des choses qui n'ont plus cours depuis longtemps. D'autres comprennent – regardez : ils ont su prendre le tournant au bon moment. – Si vous les entendiez parler de la "réalité" qu'il faut regarder en face ! Ils ont une espèce de plaisir de la bouche et des mains à vous répéter qu'ils sont prisonniers comme vous, qu'il n'y a pas de choix, qu'il faut s'adapter, que personne ne peut rien contre. Je vous assure : le mot que j'ai fini par vomir, c'est bien "réalité". Il a trop servi à tout tordre et dans tous les sens. Leur "réalité", ça n'est qu'une manière de nous angoisser chaque jour un peu plus. – Laissez-moi vous dire une chose. Quand je suis entré ici, personne n'employait ce genre de mots. Chacun savait en quoi consistait son métier, chacun savait où allait l'entreprise. On s'est mis à parler de "réalité" qu'il fallait regarder en face quand tous les repères se sont envolés. Et je pourrais presque vous dire le moment où ça a commencé...

[...]

Je peux comprendre beaucoup de choses, a poursuivi l'homme sans presque le regarder. (Souvent, il fixait la reproduction d'un tableau, sur le mur de droite.) Je peux comprendre que l'entreprise n'ait plus besoin de mon travail. Ce que je refuse d'admettre, c'est qu'on ait tout fait depuis quelques années pour saccager ce travail, le démanteler, le désarticuler, le priver de la base qui le faisait tenir debout – et qu'on vienne nous parler aujourd'hui de contraintes extérieures, d'environnement international, je ne sais quoi encore. Toutes sortes de raisons qui ne permettraient plus, à ce qu'on dit, de garder ce genre d'emploi chez Nexorum. On planifie les choses d'en haut, et on voudrait nous faire croire que le mal vient tout entier du dehors. Vous avouerez qu'il y a de quoi se mettre en colère. – C'est pour cela, quand vous me dites que je vais devoir quitter mon poste, je ricane un peu. Mon poste, il y a longtemps déjà qu'il m'a quitté. Depuis des années, ce n'était plus le même. Pendant trente ans, je peux dire que j'ai travaillé. Ensuite, on m'a demandé d'obéir. À quoi ? Je ne sais pas très bien – à un fantôme de travail. Oui, c'est ça : un fantôme de travail. Et je peux vous le dire, c'est infiniment plus pénible que de travailler. Parce qu'avec le fantôme de travail, vous ne savez jamais où vous en êtes, et qu'il vous détruit la vie bien plus que le travail le plus éreintant. – Je le disais encore hier à un de mes jeunes collègues : ici, plus jamais je n'aurai un travail dont les bords se rejoignent. Parce qu'il se passe quelque chose qui va en sens inverse, pour moi comme pour les autres. Dans ces conditions, vous pouvez m'envoyer où vous voudrez. Ce sera la même chose partout.

Il doit bien l'avouer : il est sorti affecté de cet entretien.

© *Résolution*, Pierre Mari, Actes Sud, 2005

Par sa position dans l'entreprise, le personnage est au cœur de la problématique du changement. D'abord en tant qu'« opérateur de mobilité » chargé d'accompagner les reconversions des salariés au sein du département des ressources humaines, puis, lorsque la crise devient patente, dans une cellule alibi montée à la hâte pour se délester d'hommes et de femmes devenus surnuméraires. Mobilité, mutation, évolution, adaptation : que recouvrent exactement ces mots qui constituent la colonne vertébrale du discours officiel ?

« Il *faut* changer »

Au tout début du livre, la transformation de l'entreprise Nexorum apparaît comme une nécessité irréfutable, et le personnage principal fait siens les arguments en faveur du changement. Ce dernier se justifie d'abord par des raisons externes exposées en filigrane : d'une part, certains métiers ont vu leur importance s'amenuiser du fait d'évolutions techniques, d'autre part, la concurrence accrue et désormais mondiale implique de mettre en œuvre une stratégie de développement international. Côté organisation interne, le *statu quo* paraît tout aussi impossible. Conscient que la structure souffre d'habitudes « ossifiées » et de « *comportements d'appropriation qui ont enfermé les uns et les autres dans des luttes de pouvoir destructrices* », le jeune cadre est convaincu qu'il est temps de rénover ces pratiques usées.

Mais s'il est présenté au départ comme une décision rationnelle, le changement prend vite un tout autre statut. Depuis la privatisation, c'est devenu un vocable sacré, une formule magique, un mot d'ordre, une injonction permanente. « Il faut changer », comme le rappelle l'agent de maîtrise qui s'exprime dans l'extrait cité ici. Dans le discours officiel du président, la doctrine prend des accents à la fois lyriques et paranoïaques : « *Il ne suffit pas, dit-il, de répéter que le monde change, il faut aussi remettre en question, chaque jour, notre mode de compréhension de ce changement. Dans un environnement imprévisible, soumis à des ruptures brutales, l'encadrement d'une entreprise comme la nôtre doit identifier de plus en plus vite dangers et opportunités, en sachant que les uns et les autres se ressemblent souvent. C'est de chacun de vous, conclut-il, que dépendra la capacité collective de faire face aux chocs et aux mutations.* »

La négation du passé

Le roman démonte avec précision le mécanisme de cette nouvelle religion et la violence qu'elle exerce sur les individus. Il montre que sa cruauté vient d'abord du fait qu'elle repose sur la négation du passé, comme toute révolution culturelle digne de ce nom. C'est ainsi qu'une femme, sommée d'aider la cellule de reclassement à lui retrouver un emploi (!), constate, au bord des larmes, qu'on la traite comme si elle n'avait jamais appartenu à l'entreprise. Autrement dit, on fait table rase du passé des individus.

À une autre échelle, c'est le savoir-faire historique de toute une division qui est passé par pertes et profits, après avoir été soigneusement démantelé. Comme on le voit dans l'extrait présenté, le changement sert d'alibi pour ce vaste sabotage. « *Un travail dont les bords ne se rejoignent plus* » : la métaphore utilisée par cet homme qu'il a reçu en entretien reviendra hanter le personnage principal, sans doute parce qu'elle traduit avec une grande justesse ce que lui-même ressent.

Un gigantesque gâchis

Pierre Mari souligne également que cet immense gâchis humain est aussi le gâchis de l'entreprise elle-même. Le traumatisme de ces hommes et femmes dont le travail a été vidé de toute substance prend en effet une telle ampleur que la machinerie officielle est contrainte de le reconnaître, par le biais du cabinet de conseil chargé d'accompagner la mutation. La scène dans laquelle les consultants de « *Avenir et*

MANAGERS, RELISEZ VOS CLASSIQUES !

Équilibre » restituent leurs conclusions sonne incroyablement juste. Évitant toujours la caricature, l'auteur montre en effet que le diagnostic des consultants quant à la perte de repères est assez exact, malgré son langage pompeux. Mais cette relative pertinence de l'analyse ne fait qu'accentuer la vacuité tragi-comique du remède proposé : l'adoption du symbole du trèfle, « *image facilement appropriable dont les trois feuilles aideront à ancrer le changement dans les consciences...* ». À ce stade, l'entreprise est bien trop déréglée pour prendre la mesure de ses dérèglements.

Finalement, ce sont les corps qui ont le dernier mot, car il est impossible de tricher avec eux. Le seul épisode qui apporte un soulagement collectif est en effet la publication du rapport d'un comité d'évaluation des conditions de travail, dans lequel un médecin dénonce haut et fort la détresse physique et morale des salariés. Ce document, lu et commenté partout, donne enfin la mesure de la tragédie. Parce qu'il se situe sur un autre plan et parle un autre langage : le langage du corps, le langage du tableau clinique irréfutable.

Comme s'il ne suffisait pas que le changement soit un traumatisme, il est aussi une supercherie. La direction a imposé la mutation à tous, décrétant que la marche forcée du point A vers le point B était une question de survie. Malheureusement, au gré des révélations sur les diversifications hasardeuses, l'endettement colossal et les grossières erreurs stratégiques, il apparaît qu'il n'y a jamais eu de point B... *Résolution* n'est pas un réquisitoire obscurantiste contre le changement, mais il rappelle que ce dernier devient extrêmement dangereux quand il est érigé en idéologie. *A fortiori* lorsque le bateau navigue sans cap.

LE RECUL DU SAGE

Les Destinées sentimentales

JACQUES CHARDONNE

Comme le souligne Jacques Chardonne par le choix de son titre, *Les Destinées sentimentales* est avant tout un roman d'amour. Lorsque Jean Barnery, pasteur égaré dans un mariage malheureux, rencontre Pauline, les destinées de ces deux-là se retrouvent liées pour toujours. Au mépris des conventions de ce début de XXᵉ siècle, l'amoureux se résout à divorcer et à abandonner son ministère, pour répondre à cet appel plus fort que tout. De la première rencontre à la vieillesse, le romancier montre comment le couple reste soudé, malgré les épreuves de la petite et de la grande histoire – en particulier la Première Guerre mondiale.

En parallèle à cette réflexion sur le couple et le passage du temps, le récit comporte une analyse sociologique de la grande bourgeoisie protestante et une peinture riche du monde entrepreneurial. À travers deux familles dirigeantes liées par le mariage, on y suit les soubresauts qui agitent les secteurs de la porcelaine et du cognac, et la façon dont les chefs d'entreprise tentent de s'adapter à de profondes mutations.

Quelles sont les qualités exigées d'un dirigeant ? Peut-on faire face à une concurrence moins chère venue d'autres pays ? Comment mettre en place une gestion des stocks efficace ? Sur quels critères faut-il choisir un repreneur ? Le livre aborde de multiples questions liées à la direction d'entreprise, avec un regard qui n'a rien perdu de sa pertinence. Bien des pages, notamment sur la mondialisation, pourraient être écrites aujourd'hui même.

– Cette transformation de ma maison, que tout le monde souhaite chez moi, et que tu juges nécessaire, es-tu bien sûr qu'elle ne serait pas ma perte ? Je ne recule pas devant l'énorme tâche et toutes les difficultés que suppose un changement de direction… Je me demande seulement s'il est permis de changer de direction… Par exemple, lorsqu'on a vendu toute sa vie, et depuis des générations, des produits excellents, peut-on s'improviser marchand de médiocrité, même si on le veut ? Je crains qu'il ne vous manque un je-ne-sais-quoi, une espèce de vulgarité organique, un sens, un don, si tu veux, qui fait la fortune de ceux qui réussissent de cette manière ? Un homme qui a dit toute sa vie la vérité ne peut pas mentir. Il ne sait pas mentir.

– Il ne s'agit pas de mentir, ni de vulgarité, mais de s'adapter à des conditions nouvelles. Au lieu d'offrir des vieilleries merveilleuses, trop spéciales, comme dit Berthomé, vous vendez en bouteilles des eaux-de-vie de quinze ans, naturelles, passables, saines, en somme honnêtes, mais moins chères, et qui satisfont des gens peu sensibles à des nuances qui vous paraissent essentielles parce que vous avez une éducation particulière, dont on peut se passer, je vous assure, sans que la personnalité en soit amoindrie. Les profanes ont du bon.

– Trop spécial ! c'est vrai. Nous naissons avec notre spécialité de pensée, d'éducation, de tempérament. Est-il sage, est-il imprudent de changer de canton ? J'y réfléchirai encore. Je ne rejette pas l'idée de Berthomé.

© *Les Destinées sentimentales*, Jacques Chardonne, Albin Michel, 1953

Le thème de la transformation est au cœur du roman de Jacques Chardonne *Les Destinées sentimentales*, adapté au cinéma par Olivier Assayas en 2000. Transformation des êtres et de leurs sentiments, mais aussi transformation des entreprises de cognac et de porcelaine qui constituent le cadre du livre. Faut-il évoluer avec son temps ? Est-il bon de se laisser imposer des évolutions que l'on récuse, au seul prétexte que le monde entier les adopte ? Celui qui incarne le mieux ces questionnements est sans aucun doute M. Pommerel, l'héritier d'une dynastie ancienne de négociants de cognac.

Perpétuer la tradition : un devoir sacré

Lorsque M. Pommerel fait son apparition, à la première page des *Destinées sentimentales*, il est comparé à une cariatide. Certes, le romancier a recours à cette comparaison dans une situation particulièrement solennelle, au moment où le négociant fait la quête à la sortie de l'office. Il n'en reste pas moins que cette comparaison confère dès le début au personnage une raideur et un immobilisme absolus. Les pages suivantes confortent cette image d'un homme passéiste, enraciné dans ses habitudes, imperméable aux évolutions du monde qui l'entoure. Son monde à lui, c'est la maison de cognac bicentenaire héritée de ses ancêtres, et tout son être semble au diapason de ce produit bien particulier, qui ne peut naître que dans l'attente, la patience, l'immobilité, la lenteur.

Pourtant, autour de M. Pommerel, tout évolue, en particulier le négoce du cognac. Suite à la crise du phylloxera de 1880, les méthodes de fabrication et de commercialisation se transforment. Trois innovations majeures font leur apparition au même moment : le recours à des mélanges d'alcool, la vente en bouteilles et la création de marques grand public. Ces innovations créent des fortunes nouvelles mais M. Pommerel, lui, les rejette en bloc, par respect pour la tradition et par sens de l'honneur.

L'intérêt de ce refus est qu'il ne provient pas d'un manque de hauteur de vue, d'une banale résistance au changement ou d'un attachement dépassé à des procédés qui ont fait leur temps. D'autant que la petite ville de Barbazac (contraction de Barbezieux, où est né Chardonne, et de Jarnac, ville réputée pour son cognac) n'a rien d'étriqué. De nombreux étrangers vivent dans ce centre de négoce, et les commerçants charentais traversent régulièrement la Manche pour rencontrer leurs clients britanniques. Loin d'être mesquine ou étroite d'esprit, la fidélité à la tradition de M. Pommerel reflète un devoir sacré de loyauté vis-à-vis de ses ancêtres et de lui-même, en même temps qu'une certaine vision du monde. En refusant tout compromis sur la qualité de son produit, il poursuit une quête de perfection qui, à ses yeux, est une grave responsabilité.

Cet attachement à la tradition se traduit par un étonnant mélange d'arrogance et d'humilité. Arrogance car M. Pommerel apparaît, au moins dans la première partie du roman, comme un être pétri de certitudes et convaincu de la supériorité du petit monde auquel il appartient : « *M. Pommerel ne combattait jamais un usage.* » Son conformisme prend parfois des allures de conservatisme de classe : il est fier d'appartenir au petit cercle fermé des connaisseurs et d'y être reçu avec respect.

En même temps, en ne s'arrogeant pas le droit de remettre en question ce qu'on lui a transmis, le négociant fait preuve d'une forme d'humilité. Gardien du temple, gardien du dogme, il s'interdit de jamais céder à ses impulsions, effaçant toute considération personnelle devant la fidélité à la tradition, comme s'il avait fait vœu d'obéissance à ses ancêtres. Lorsqu'on le voit accomplir les rites de la vie quotidienne, on comprend que ce respect des préceptes établis par d'autres reflète un engagement délibéré et non un manque d'imagination. Chardonne précise en effet que ces rites ne sont pas des actes conventionnels effectués machinalement mais qu'ils lui apportent la paix : « *Avant le dîner, M. Pommerel lisait à voix haute quelques pages de la Bible, puis disait une prière, tandis que Pauline s'agenouillait devant une chaise, le corps courbé, mais l'esprit absent, irritée contre ces gestes sans élan, prévus comme ceux du repas qui allait suivre ; elle ignorait la sincérité de M. Pommerel et la paix qui lui venait de cette humilité régulière.* » Tel un religieux, M. Pommerel a besoin de cette discipline et de cette régularité pour être conforté chaque jour dans la voie qu'il a choisie, ou plutôt qui lui a été imposée à la mort de son père.

Fidélité ne veut pas dire immobilisme

Pourtant, bien que sa mission sacrée l'incline à résister de tout son poids au changement, M. Pommerel se montre capable de remise en question lorsque les circonstances l'imposent. Dès les premières pages du roman, on nous dit qu'il s'est résigné, pendant la crise du phylloxera, à la « fraude » qui consistait à ajouter de l'alcool de grain à l'alcool de vin. Un cas de force majeure : s'il a renoncé aux préceptes de ses ancêtres, c'est pour la seule cause qui leur soit supérieure, à savoir la survie de l'entreprise. Encore n'a-t-il accepté ce compromis que le temps strictement nécessaire pour assurer la continuation de l'activité.

Une fois revenu aux traditions ancestrales, il campe d'abord sur ses positions : « *Je ne vendrai pas de cognac en bouteilles* », déclare-t-il ainsi au début du livre, avec fermeté.

Mais peu à peu, on le voit ébranlé dans ses convictions. Comme le montre l'extrait cité ici, il consulte, écoute, hésite, tergiverse. N'ayant rien d'un imbécile borné, il sait en effet que le refus d'évoluer peut mener une entreprise à sa perte. L'histoire de l'origine de la maison de porcelaine Barnery, fondée par son beau-père, en est d'ailleurs une illustration. Séduit par la beauté d'une tasse française, l'Américain David Barnery s'est rendu à Limoges, où « *il a demandé aux fabricants de modifier un peu la forme habituelle des plats et leur décor, et promis toute l'Amérique comme client. Aucun fabricant ne consentit à changer ses habitudes. Alors David fonda un petit atelier de décoration, commencement de cette maison Barnery qui est aujourd'hui pour les Américains l'équivalent de Baccarat en France...* ». L'anecdote incite à ne pas prendre le refus du changement à la légère.

Finalement, M. Pommerel cède à la raison, se résigne à suivre les conseils qu'on lui donne de toutes parts, accepte de remettre en question « *sa vérité* », rien de moins. Car ses certitudes du début ont fait place à un doute cruel : « *Les mœurs nouvelles rendent vaine et peut-être nuisible une ancienne expérience.* » Le barrage a cédé, il va faire comme les autres... du moins le croit-on.

En bon romancier, Chardonne a concocté un rebondissement. Au dernier moment, M. Pommerel renonce au plan de modernisation proposé par son maître de chais, qui préfère partir chez un concurrent. En faisant mine d'adopter le point de vue adverse, le vieux négociant a mesuré à quel point il lui était étranger. Mais cette hésitation n'a pas été vaine, puisqu'elle l'a conduit à trouver une troisième voie, une voie médiane. Il se résout à accepter certaines évolutions inéluctables, comme la mise en bouteilles, mais refuse de transiger avec la qualité du produit. *« Ce sera très cher mais ce sera bon »* : voilà un positionnement stratégique on ne peut plus clair. Cet équilibre entre tradition et innovation assurera à la fois la pérennité de l'entreprise et la fidélité à ce qu'elle est.

À la mort de M. Pommerel, son fils reprend la société familiale avec la même stratégie : *« Comme son père, il vend du cognac excellent et il n'en vend pas beaucoup. »* Le choix s'avérera payant. Au moment de la crise des années 30, la maison sera l'un des rares négociants de cognac à se maintenir. Entre l'écueil de l'immobilisme et celui de la révolution, le *« vieux Pommerel »* a su trouver le bon cap.

LORSQUE LES TEMPS SONT DURS...

Open Space
JOSHUA FERRIS

Premier roman de l'Américain Joshua Ferris, *Open Space* raconte le quotidien d'une agence de publicité de Chicago au tournant du millénaire, alors que la prospérité des années 90 fait place à une crise économique brutale. Résultat : une vague de licenciements et un climat d'inquiétude qui n'épargne personne. Nous voilà au cœur de cette équipe, qui consacre désormais l'essentiel de ses journées aux ragots. Par ennui, par angoisse, et aussi parce que leur métier de publicitaire consiste précisément à communiquer... fût-ce à tort et à travers. Si la peinture des petites misères du bureau est cruelle et drôle, le roman va bien au-delà d'une simple comédie satirique, façon *Caméra Café*. L'écriture, portée par la trouvaille géniale du narrateur collectif en forme de « nous », est d'une grande force. Quant aux personnages, bourrés de défauts, et qui ne donnent pas le meilleur d'eux-mêmes dans la tourmente, ils n'en sont pas moins attachants. Enfin, le fait que la glaciale directrice de l'agence soit atteinte d'un cancer achève de donner au roman une ambition qui dépasse la simple peinture de la vie au bureau. Au-delà de son humour souvent caustique, *Open Space* est une réflexion profonde sur le travail, la quête de sens et le rapport aux autres.

Les mesures d'austérité ont commencé dans le hall d'entrée, plus de fleurs ni de bols de bonbons. Benny aimait bien respirer le parfum des fleurs. « Ça me manque, les beaux bouquets », disait-il. Puis, nous avons reçu un mémo collectif : nos congés d'été étaient suspendus. « Je crois que mes congés d'été vont encore plus me manquer que les bouquets », a remarqué Benny. Le mois suivant, au cours d'une assemblée générale de l'agence, la direction a décrété le gel des embauches. Immédiatement après, ils ont sucré nos primes. « Mes congés d'été, passe encore, a dit […]

Benny. Mais ma prime, maintenant ? » Finalement, les licenciements ont commencé. « Les bouquets, les congés d'été, les primes : pas de problème. Qu'ils me laissent mon boulot, c'est tout. »

Au début nous appelions ça, banalement : être licencié, congédié. Et puis au fur et à mesure, nous sommes devenus plus créatifs. Nous disions qu'il s'était fait virer, qu'elle s'était fait lourder, qu'ils étaient tous passés à la trappe. Depuis peu, nous n'employions plus qu'une expression : « marcher à l'espagnole vers le bout du couloir ». Quelqu'un avait pioché ça dans une chanson de Tom Waits, mais il s'agissait en fait, comme nous l'apprit notre *Dictionnaire étymologique Morris des mots et des expressions*, d'une formule très ancienne. « À l'époque de la piraterie dans la mer des Caraïbes, alors sous le contrôle de la couronne espagnole, écrivait Morris, l'un des tours préférés des pirates consistait à soulever leurs captifs par la peau du cou, de façon à ce que leurs orteils touchent à peine le sol, et à les faire marcher ainsi sur le pont du bateau. » L'image nous semblait parfaite. La chanson parlait d'un type qui marche vers son exécution. C'était tout à fait ça. Nous suivions des yeux le condamné qui, précédé de l'intendante, traversait le long couloir avant de disparaître derrière la porte de Lynn Mason, et quelques minutes plus tard, nous voyions la lumière diminuer à cause de la baisse de tension, nous entendions le grésillement de l'électricité, et l'odeur de la chair brûlée gagnait nos box.

Assis à nos bureaux, nous détournions les yeux vers les fenêtres pour regarder les avions descendre vers l'aéroport de O'Hare. Ou bien nous mettions nos écouteurs. Tête en arrière, paupières closes. Nous pensions tous la même chose : *Dieu merci, ce n'est pas tombé sur moi.*

Jim alla frapper à la porte de Benny. « Dis-moi, tu as vu Sanderson, récemment ?

– Qui ça ?

– Sanderson. Will Sanderson. »

Benny ne voyait toujours pas de qui Jim voulait parler.

« Mais enfin, Benny. Sanderson. Le moustachu.

– Ah oui, d'accord. Will Sanderson ? Je croyais qu'il s'appelait Bill.

– Non, il s'appelle Will, dit Jim.

– Je n'ai pas vu ce type depuis… des semaines.

– Tu ne crois quand même pas que… »

Ils se turent.

« Sanderson, dit Benny. Ah, la vache… Ils ont eu Will Sanderson. »

© *Open Space*, Joshua Ferris, Denoël, 2007

« *Nous nous amusions comme des fous. Et puis les licenciements ont commencé.* » En deux phrases, tout est dit : avec la crise économique américaine de la fin du dernier millénaire, l'agence de publicité de Chicago qui constitue le cadre de *Open Space* bascule dans l'incertitude. Désormais, l'équipe n'a plus qu'une crainte, une angoisse, une obsession : qui sera le prochain sur la liste ? La peur du chômage est un thème tristement banal, dans la réalité comme dans la littérature, mais le traitement du romancier américain est d'une grande originalité. Il aborde en effet la question à la fois sur le plan collectif et sur le plan individuel, apportant à ces deux regards complémentaires la même justesse et le même mélange d'humour et de tragédie.

Un retournement de conjoncture angoissant

On le comprend d'emblée avec l'utilisation systématique du « *nous* », le personnage principal du roman est l'équipe elle-même : une petite dizaine de publicitaires, à la fois bourrés de défauts et sympathiques. C'est d'abord à cette échelle collective que le roman aborde le basculement dans la crise, un véritable traumatisme.

Pour bien prendre la mesure du choc, il faut souligner que la vague de licenciements fait suite à une longue période de prospérité, qui s'est traduite chez nos publicitaires par un sentiment de sécurité exagéré : « *Nous étions tout aussi persuadés que la technologie ingénieuse sur laquelle reposait la nouvelle économie avait rendu obsolète la notion de baisse d'activité.* » Une inconscience qui rend le retour à la réalité d'autant plus brutal : « *Nous n'avions pas réfléchi qu'en cas de baisse d'activité, les stocks mal gérés, ce serait nous, et qu'on nous jetterait aux ordures comme un vieux surplus de circuits imprimés.* »

Or leur gouaille et leur suffisance n'y changent rien : ils sont, autant que les autres, infiniment vulnérables face au changement. D'abord par leur attachement à la routine du bureau, avec ses pauses-café, ses meubles familiers, et aussi son équipe. C'est ce qui les rend si proches de leurs collègues, même s'ils consacrent une grande partie de leurs journées à des ragots et des médisances. Tout se passe un peu comme dans une famille : on connaît – ou l'on croit connaître – les défauts des uns et des autres, mais l'habitude s'accompagne d'une réelle tendresse. Pour ceux qui sont licenciés, le fait de perdre leurs repères et de devoir s'adapter à un autre environnement représente donc une lourde épreuve.

Autre élément de vulnérabilité, plus terre-à-terre, la dépendance de ces employés par rapport à leur salaire. Rien de bien original en cela, mais la perte de revenus représente une épée de Damoclès particulièrement menaçante dans la société américaine. D'abord à cause du mode de vie qui amène ces salariés aisés à vivre à la limite de leurs moyens, ensuite du fait de la quasi-absence de filets de sécurité, par exemple pour l'assurance-maladie. Pour eux, le licenciement représente un risque majeur à court terme. Résultat : même s'ils aiment à penser que le « reste » compte plus dans leur existence, le travail est leur préoccupation numéro un, en tant que condition de survie immédiate.

Sans oublier que dans une société qui survalorise la consommation, la course à l'argent prend des allures de quête existentielle. « *Nous connaissions le pouvoir des compagnies de cartes de crédit et des agences de recouvrement, et les conséquences d'une insolvabilité. Les décisions de ces institutions étaient sans appel. Elles rentraient votre nom dans un système et, dès cet instant, certains aspects vitaux du rêve américain vous devenaient inaccessibles. Une piscine dans le jardin. Un long week-end à Vegas. Une petite BMW. Ce n'étaient peut-être pas des idéaux jeffersonniens, comparables à la vie et à la liberté, mais à ce stade avancé de l'Histoire, l'Ouest étant conquis et la Guerre Froide terminée, ces bonheurs-là aussi semblaient faire partie de nos droits inaliénables.* » Dans l'Amérique de l'an 2000, on est ce que l'on consomme, et donc ce que l'on gagne.

Chercher secours dans la dérision et la fanfaronnade

Face à cette angoisse, l'équipe cherche refuge dans l'humour et la dérision. Cette réaction classique prend un caractère exacerbé chez ces publicitaires, qui ont le sens de la formule et aiment à décrypter le monde qui les entoure. Dans l'extrait présenté ici, on les voit rechercher une expression créative pour désigner le licenciement – un moyen de prouver qu'ils existent encore et ne sont pas condamnés à attendre que leur tour vienne. Le roman les montre également organisant des paris sur le nom des prochaines victimes, exorcisant leur peur comme des carabins faisant de mauvaises blagues devant des cadavres.

Une autre échappatoire, plus pathétique, consiste à s'accrocher vaille que vaille aux aspirations « d'avant », aussi dérisoires soient-elles. On pourrait s'attendre à ce que la crise donne à ces employés un certain recul ; pas du tout. Monter d'un cran dans la hiérarchie reste pour eux un combat, et ils n'hésitent pas à compter les dalles de plafond pour déterminer qui a le plus grand territoire... De même, ils ont beau savoir que ce sont des foutaises, les titres les obsèdent plus que jamais, l'inquiétude exacerbant leur esprit de compétition et leur immaturité. *«... Les gens se faisaient éjecter les uns après les autres comme autant de mannequins désarticulés. Mais il restait une chose qui donnait encore envie à tous de se lever le matin : la perspective d'une promotion. »* La description de la première journée de l'employé nouvellement promu, avec sa pause-déjeuner un peu prolongée et son attitude empreinte de noblesse, est d'une irrésistible drôlerie.

En somme, l'équipe ne ménage pas ses efforts pour combattre l'angoisse. Sans grand résultat. Ils ont beau fanfaronner et prétendre qu'ils *« adorent tuer le temps »*, ils n'en peuvent plus d'aller remplir leurs *mugs* de café à tous les étages, ou d'arpenter les couloirs en faisant semblant d'être occupés. À l'exception de ceux qui ont l'aplomb de quitter le navire en perdition pour devenir moniteur de rafting ou chanteur de rock, tous en viennent à se bourrer de médicaments pour tenir. Leur dépression se teinte d'une paranoïa collective, illustrée par la saga des fauteuils échangés au fur et à mesure que les bureaux se vident, les coupables se persuadant que ces transferts de mobilier plus ou moins frauduleux peuvent précipiter leur perte.

Le douloureux cérémonial du départ

En complément de ce tableau général, Joshua Ferris montre les réactions individuelles des victimes. Au cours du roman, il décrit minute par minute le départ forcé de quatre salariés : entretien de licenciement, emballage des affaires personnelles, adieux aux collègues. Au-delà de ces étapes communes, qui soulignent le côté rituel du départ, comme d'une exécution, les réactions des uns et des autres sont bien différentes.

La « dernière heure » de Tom, agitateur, provocateur, fou du poète Emerson et gravement perturbé, est à la hauteur du personnage. Après avoir vainement tenté d'envoyer son ordinateur par la fenêtre, il découpe son costume en morceaux et sort du bâtiment pieds nus, une *mug* à la main, en demandant la charité. Après son départ, il continue à inonder ses collègues de mails obscurs et plus ou moins menaçants. Au point que certains redoutent qu'il ne revienne sur les lieux de sa perte pour tirer sur ses collègues – il finira par le faire... armé d'un fusil de paintball.

Vient ensuite Chris Yop, le rédacteur médiocre, dont l'avenir semble pour le moins incertain. « *J'ai quarante-huit ans. Faut être jeune pour s'en sortir, dans ce milieu. Qui est-ce qui va m'embaucher si je me fais virer ? Je ne maîtrise pas Photoshop. Parfois, je ne suis même pas sûr de bien comprendre comment marche Outlook.* » Dans son désespoir, il perd tout amour-propre, n'hésitant pas à supplier la directrice de le garder, quitte à diminuer son salaire. Après son licenciement, il prend une revanche minuscule en revenant dans les bureaux pour y imprimer ses CV. Une démarche pathétique, qui reflète surtout son impossibilité physique de se détacher du lieu où il a travaillé. « *Je me suis fait virer, mais dans ma tête je travaille encore.* »

À l'opposé, « *le vieux Brizz* » fait preuve d'un sang-froid et d'une dignité exceptionnels. Alors que les autres fuient à toutes jambes pour ne pas avoir à affronter le regard de leurs collègues, lui prend le temps de dire au revoir à tout le monde, avec sérénité. Peut-être a-t-il suffisamment de sagesse pour refuser de croire que ceux qui partent ont moins de « valeur » que les autres. Mais cette fierté ne change rien à la suite, tragique. Très vite, il « *disparaît des radars* », puis l'on apprend qu'il a été hospitalisé. « *Pas d'assurance. C'est allé vite. C'était triste de voir à quel point nous avions visé juste en lui donnant six mois.* »

Quelques pages avant la fin du livre, le licenciement de Marcia est sans doute le plus émouvant de tous. Il faut dire que cette langue de vipère, aussi généreuse que ses propos sont cruels, est la plus attachante de tous. En apprenant son renvoi, elle se sent soulagée de voir s'achever le climat de suspicion et de peur dans lequel elle vit depuis un an. « *Maintenant, je peux enfin arrêter de me comporter comme une salope.* » Et, un peu plus loin : « *Vous vous rendez compte que depuis que les licenciements ont commencé, je n'ai pas pu apprécier une seule tasse de café au* coffee bar *? J'étais toujours trop inquiète à l'idée que quelqu'un arrive, et me voie, et pense que j'aurais dû être en train de travailler et pas en train d'apprécier une tasse de café au* coffee bar. *Je peux à nouveau apprécier mon café.* » Bien vu, bien écrit, et touchant, à l'image de tout le livre.

Dans un dernier chapitre épilogue, on retrouve tous nos publicitaires cinq ans après. La plupart ont retrouvé du travail ailleurs et poursuivi leur bout de chemin sous un autre logo. Cela ne se sera pas fait sans peine, mais ils auront finalement survécu au changement... pour retourner à la case départ. « *Mais c'était toujours la même histoire. Nous étions ravis d'avoir un nouveau job, et nous n'arrêtions pas de nous en plaindre.* » Une remarque qui fait écho à la première phrase du livre : « *Nous étions des râleurs trop bien payés.* » À travers toute cette vie de bureau, d'apparence plus ou moins futile, c'est de la condition humaine, avec son insatisfaction permanente, qu'il est question dans ce livre.

LA FIDÉLITÉ SUICIDAIRE À DES TEMPS RÉVOLUS

Au bonheur des dames
ÉMILE ZOLA

Le célèbre roman de Zola raconte l'éclosion d'un grand magasin parisien sous le Second Empire, et les bouleversements qui en résultent pour le commerce et la société dans son ensemble.

Dans cette analyse historique doublée d'une intrigue amoureuse, on trouve le mélange de rigueur et de lyrisme qui fait le génie de Zola. D'un côté, des explications détaillées sur les rouages commerciaux, financiers et humains de l'énorme machine – le romancier a pris 384 pages de notes lors de son enquête sur les magasins du Louvre et du Bon Marché ! De l'autre, une peinture puissante et charnelle des relations entre Mouret, l'entrepreneur génial, et celles qu'il rêve de conquérir, d'étourdir, de posséder : les femmes. Pour cela, le fringant directeur du *Bonheur des dames* met sur pied un véritable temple de la consommation, qui exerce sur elles une attraction inouïe.

Connu pour être une magistrale leçon de marketing, le roman de Zola est aussi un régal de lecture. On y trouve des descriptions inoubliables d'étalages élevés au rang d'œuvres d'art, ainsi qu'un personnage d'entrepreneur très attachant malgré son machisme – contrairement à d'autres hommes d'affaires inventés par Zola, le directeur du *Bonheur des dames* ne doit pas sa réussite à des manœuvres frauduleuses mais à une vision du commerce totalement novatrice. Sans oublier que c'est un des rares romans de Zola qui finit bien – ça change !

> La tante lui expliqua qu'ils avaient dû congédier l'autre vendeur et la demoiselle. Les affaires devenaient si mauvaises, que Colomban suffisait ; et encore passait-il des heures inoccupé, alourdi, glissant au sommeil, les yeux ouverts.

Dans la salle à manger, le gaz brûlait, bien qu'on fût aux longs jours de l'été. Denise eut un léger frisson en entrant, les épaules saisies par la fraîcheur qui tombait des murs. Elle retrouva la table ronde, le couvert mis sur une toile cirée, la fenêtre prenant l'air et la lumière au fond du boyau empesté de la petite cour. Et ces choses lui paraissaient, comme la boutique, s'être assombries encore et avoir des larmes.

— Père, dit Geneviève, gênée pour Denise, voulez-vous que je ferme la fenêtre ? Ça ne sent pas bon.

Lui ne sentait rien. Il resta surpris.

— Ferme la fenêtre, si cela t'amuse, répondit-il enfin. Seulement, nous manquerons d'air.

En effet, on étouffa. C'était un dîner de famille, fort simple. Après le potage, dès que la bonne eut servi le bouilli, l'oncle en vint fatalement aux gens d'en face. Il se montra d'abord très tolérant, il permettait à sa nièce d'avoir une opinion différente.

— Mon Dieu ! tu es bien libre de soutenir ces grandes chabraques de maisons… Chacun son idée, ma fille… Du moment que ça ne t'a pas dégoûtée d'être salement flanquée à la porte, c'est que tu dois avoir des raisons solides pour les aimer ; et tu y rentrerais, vois-tu, que je ne t'en voudrais pas du tout… N'est-ce pas ? personne ici ne lui en voudrait ?

— Oh ! non, murmura madame Baudu.

Denise, posément, dit ses raisons, comme elle les disait chez Robineau : l'évolution logique du commerce, les nécessités des temps modernes, la grandeur de ces nouvelles créations, enfin le bien-être croissant du public. Baudu, les yeux arrondis, la bouche épaisse, l'écoutait, avec une visible tension d'intelligence. Puis, quand elle eut terminé, il secoua la tête.

— Tout ça, ce sont des fantasmagories. Le commerce est le commerce, il n'y a pas à sortir de là… Oh ! je leur accorde qu'ils réussissent, mais c'est tout. Longtemps, j'ai cru qu'ils se casseraient les reins ; oui, j'attendais ça, je patientais, tu te rappelles ? Eh bien ! non, il paraît qu'aujourd'hui ce sont les voleurs qui font fortune, tandis que les honnêtes gens meurent sur la paille… Voilà où nous en sommes, je suis forcé de m'incliner devant les faits. Et je m'incline, mon Dieu ! je m'incline…

Une sourde colère le soulevait peu à peu. Il brandit tout d'un coup sa fourchette.

– Mais jamais le Vieil Elbeuf ne fera une concession !… Entends-tu, je l'ai dit à Bourras : « Voisin, vous pactisez avec les charlatans, vos peinturlurages sont une honte. »

– Mange donc, interrompit madame Baudu, inquiète de le voir s'allumer ainsi.

– Attends, je veux que ma nièce sache bien ma devise… Écoute ça, ma fille : je suis comme cette carafe, je ne bouge pas. Ils réussissent, tant pis pour eux ! Moi, je proteste, voilà tout !

La bonne apportait un morceau de veau rôti. De ses mains tremblantes, il découpa ; et il n'avait plus son coup d'œil juste, son autorité à peser les parts. La conscience de sa défaite lui ôtait son ancienne assurance de patron respecté.

© *Au bonheur des dames*, Émile Zola, Gallimard 1980

Le célèbre roman de Zola *Au bonheur des dames* raconte la création d'un grand magasin moderne sous le Second Empire. Octave Mouret, l'audacieux directeur, a une vision révolutionnaire non seulement du marketing, mais aussi de la gestion des ressources humaines et de l'organisation. Face à cette approche radicalement nouvelle, le petit commerce, étroit d'esprit et accroché à des pratiques dépassées, est condamné à mourir : le grand magasin entraîne dans son sillage d'innombrables faillites, et autant de familles brisées. Pour autant, avec sa foi ardente dans le Progrès, le romancier juge le bilan de cette modernité globalement positif. Au final, et malgré les inévitables « dommages collatéraux », les salariés, les consommateurs et toute la société en sortent gagnants.

Un credo : la rotation rapide des stocks

La clé de voûte du système mis en place par le directeur du *Bonheur des dames* est la rotation très rapide des stocks. L'enquête minutieuse de Zola lui a révélé que le rayon de mode du magasin du Louvre renouvelait son stock cinquante-quatre fois dans l'année, contre deux fois pour les boutiques traditionnelles ! Toute la stratégie du commerce nouveau repose sur une logique de volume, résumée dans cette formule simple : « *Vendre bon marché pour vendre beaucoup et vendre beaucoup pour vendre bon marché.* » Ce mot d'ordre ne tolère aucune exception : « *C'était la règle de la maison, on balayait tout chaque année, on vendait à soixante pour cent de perte, plutôt que de garder un modèle ancien ou une étoffe défraîchie.* »

Pour obtenir cet écoulement rapide de la marchandise, les prix bas sont accompagnés d'une politique commerciale géniale (voir chapitre 5) et d'un changement complet des règles du jeu. Une des nouveautés les plus radicales, qui peut surprendre le lecteur tant elle paraît aujourd'hui aller de soi, est la « *marque en chiffres connus* », autrement dit l'affichage des prix. « *Ensuite, il célébra la marque en chiffres connus. La grande révolution des nouveautés partait de cette trouvaille. Si l'ancien commerce, le petit commerce agonisait, c'était qu'il ne pouvait soutenir la lutte des bas prix, engagée par la marque. Maintenant, la concurrence avait lieu sous les yeux mêmes du public, une promenade aux étalages établissait les prix.* »

Cette plus grande transparence s'accompagne d'une politique d'achat agressive, qui renverse le rapport de force avec les fournisseurs. En contrepartie de volumes importants, les grandes maisons de soierie lyonnaises sont « *à genoux devant les grands magasins* », d'autant que leur outil de production important ne leur permet pas de se brouiller avec les grands acheteurs du marché. C'est ce qu'explique l'un des soyeux au petit marchand Robineau : « *J'en connais trois ou quatre qui se les disputent, qui consentent à perdre pour obtenir leurs ordres. Et ils se rattrapent avec les petites maisons comme la vôtre. Oui, s'ils existent par eux, ils gagnent par vous…* » Les dindons de la farce sont les petites boutiques à l'ancienne.

Une gestion du personnel anonyme et brutale

Dans le domaine crucial de la gestion du personnel (le *Bonheur des dames* compte 1 500 vendeurs, et un total de 2 500 employés !), Octave Mouret met également en place des pratiques novatrices… et brutales.

Il n'hésite pas à attiser les rivalités de ses employés et les traite comme des numéros. Ainsi, au début de chaque été, il se débarrasse sans état d'âme de son excès de personnel : « *Mouret, chaque matin, lorsqu'il faisait avec Bourdoncle son inspection, prenait à part les chefs de comptoir, qu'il avait poussés, l'hiver, pour que la vente ne souffrît pas, à engager plus de vendeurs qu'il ne leur en fallait, quitte à écrémer ensuite leur personnel. Il s'agissait maintenant de diminuer les frais, en rendant au pavé un bon tiers des commis, les faibles qui se laissaient manger par les forts.*

– Voyons, disait-il, vous en avez là-dedans qui ne font pas votre affaire... On ne peut les garder pourtant à rester ainsi, les mains ballantes.

Et, si le chef de comptoir hésitait, ne sachant lesquels sacrifier :

– Arrangez-vous, six vendeurs doivent vous suffire... Vous en reprendrez en octobre, il en traîne assez dans les rues ! »

Autre élément non moins choquant, le salaire de misère des débutants, qui contraint les jeunes vendeuses à prendre un amant pour survivre.

Ces pratiques barbares, qu'un Mouret éperdu d'amour supprimera sous l'influence de sa chère Denise, contrastent avec le paternalisme du petit commerce, dans lequel la boutique est au centre d'une véritable vie de famille. On voit ainsi le père Baudu, incarnation des pratiques traditionnelles, s'élever contre ce commerce « *sans affection* ». Il faut dire que toute l'existence de l'oncle de Denise repose sur un mélange intime entre vie professionnelle et vie familiale : dans sa boutique, cela fait trois générations que la fille du patron épouse le premier commis, assurant de ce fait une transmission sans heurts.

Le petit commerce traditionnel n'a aucune chance

Incarnation du commerce traditionnel dans ce qu'il a de plus dépassé, le père Baudu tient son magasin de « *nouveautés* » (c'est-à-dire de tissus) juste en face du *Bonheur des dames*. Le *Vieil Elbeuf* a longtemps dépassé en taille la boutique voisine, qui était bien modeste jusqu'à ce que Mouret en reprenne les rênes, pour le plus grand malheur de Baudu.

Dès sa première apparition dans le livre, le vieux commerçant apparaît rongé physiquement par le succès éclatant du *Bonheur des dames*. Sa nièce Denise, qui débarque à Paris, le découvre « *le sang aux yeux, la bouche contractée, mis hors de lui* ». « *Il menace de nous manger tous, maintenant* », explique l'oncle, plein de haine vis-à-vis de son concurrent.

Il faut dire que la boutique de Baudu, « *trou glacial de l'ancien commerce* » offre un contraste saisissant avec le grand magasin. Étroit, sombre, étriqué, le magasin est caricaturé pour mieux mettre en avant la splendeur de la machine nouvelle. D'un côté, l'obscurité, le passé et la mort, de l'autre la lumière, l'avenir et la vie.

Innovation contre étroitesse d'esprit

L'opposition entre l'ancien et le nouveau ne porte pas seulement sur l'apparence des magasins mais aussi sur l'état d'esprit de leurs dirigeants respectifs. Toute la personne de Mouret respire l'audace et la prise de risque. Ses projets pharaoniques d'agrandissement fragilisent d'ailleurs sa trésorerie : « *Il s'agissait de vaincre ou de mourir.* » À l'inverse, le vieux Baudu se caractérise par une résistance acharnée au changement, liée à une certaine étroitesse d'esprit. « *Si c'est une pareille bousculade qu'on appelle à présent le commerce, je n'y entends rien, j'aime mieux m'en aller* », déclare-t-il ainsi, dépassé par les événements.

Pour lui, le fait de bousculer les principes rigides qui régissent le commerce traditionnel s'apparente à un acte immoral : il faut rétablir la « *dignité du commerce compromise* ». L'un de ces principes fondateurs consiste à ne vendre qu'un type de marchandises dans un même lieu. « *Il a osé créer un rayon de ganterie* », se scandalise Baudu, jugeant la façon dont Mouret multiplie les rayons proprement diabolique. Comme on le voit dans l'extrait présenté, le patron du *Vieil Elbeuf* réagit en se raccrochant farouchement aux pratiques anciennes et en rejetant en bloc toute forme d'innovation – une stratégie vouée au fiasco.

À l'inverse, le jeune marchand Robineau, qui vient d'acquérir une boutique, essaye de lutter avec les armes de son menaçant adversaire. Il fait de la publicité et se lance bravement dans une guerre des prix, après avoir noué une alliance avec un fabricant de soieries lyonnais. Mais à ce jeu-là, il est forcément perdant puisqu'il ne peut prétendre à des volumes de ventes comparables à ceux de son concurrent. Comprenant qu'il court à sa perte et ne peut rien contre « *la fin d'un monde* », il tente de se suicider.

Une foi ardente dans le Progrès

Si Robineau s'en sort finalement avec une blessure sans gravité, le grand magasin entraîne dans son sillage nombre de disparitions tragiques (Zola restera toujours Zola !). La disparition des commerces et celle des commerçants sont en effet étroitement imbriquées. C'est lors de l'enterrement de Geneviève Baudu, morte de désespoir de voir son mariage avec le premier commis toujours repoussé du fait des mauvaises affaires de son père (pour comble, le fiancé s'est amouraché d'une vendeuse du *Bonheur des dames* !), que le romancier dresse la liste des victimes : « *Et les Bédoré, et les Vanpouille, ça ne tient plus debout, c'est comme moi, les jambes cassées. Deslignières crèvera d'un coup de sang, Piot et Rivoire ont eu la jaunisse. Ah ! nous sommes tous jolis, un beau cortège de carcasses que nous faisons à la chère enfant ! Ça doit être drôle, pour les gens qui regardent défiler cette queue de faillites... D'ailleurs, il paraît que le nettoyage va continuer. Les coquins créent des rayons de fleurs, de modes, de parfumerie, de cordonnerie, que sais-je encore ? Grognet, le parfumeur de la rue de Grammont, peut déménager, et je ne donnerais pas dix francs de la cordonnerie Naud, rue d'Antin. Le choléra souffle jusqu'à la rue Sainte-Anne, où Lacassagne, qui tient les plumes et les fleurs, et madame Chadeuil, dont les chapeaux sont pourtant connus, seront balayés avant deux ans... Après ceux-là, d'autres, et toujours d'autres ! Tous les commerces du quartier y passeront. Quand des calicots se mettent à vendre des savons et des galoches, ils peuvent bien avoir l'ambition de vendre des pommes de terre frites. Ma parole, la terre se détraque !* »

Tout cela est bien triste, mais, comme l'explique le romancier à travers la bouche de Mouret, c'est le sens de l'histoire : « *Le triomphe des cités ouvrières et industrielles était semé par le coup de vent du siècle, qui emportait l'édifice croulant des vieux âges.* » On retrouve ainsi le thème, cher à Zola, de « *la vie qui veut la mort pour continuelle semence* ».

Par ailleurs, il est souligné à plusieurs reprises que ce commerce moderne, accusé par les moralistes de l'époque de faire perdre la tête aux femmes, a des aspects bénéfiques pour la clientèle. La logique de volume et la disparition des multiples intermédiaires entraînent en effet une baisse des prix notoire.

Le personnel, lui aussi, sort gagnant du commerce moderne. Maltraité au début du roman, il est nettement mieux considéré à la fin du livre, grâce à l'heureuse influence de Denise sur Mouret. La nourriture de la cantine est améliorée, la baisse d'activité de l'été est gérée avec humanité, les femmes enceintes, jusque-là licenciées sans scrupules, font l'objet de tous les soins. Le niveau de vie culturel des employés s'élève en même temps que leurs conditions de vie matérielles : orchestre, cours du soir, bibliothèque, tout est fait pour leur nourrir l'esprit. « *C'est l'embryon des vastes sociétés ouvrières du vingtième siècle* », explique le romancier.

Les effets positifs du monde nouveau l'emportent donc sur les inévitables dégâts. Cette confiance dans le Progrès reflète bien l'époque et a quelque chose de touchant. Fait inhabituel pour un roman de Zola, *Au bonheur des dames* laisse une impression d'optimisme – avec, pour ne rien gâcher, une histoire d'amour qui finit bien !

Chapitre 2

L'INDIVIDU EST-IL SOLUBLE DANS L'ENTREPRISE ?

La place de l'individu dans l'entreprise est une question centrale dans les romans contemporains consacrés au monde du travail. Sans doute parce que la société d'aujourd'hui valorise plus que tout les aspirations individuelles, alors même que la « culture d'entreprise » souhaite fédérer les personnes autour d'objectifs et de valeurs partagés. Avec le risque qu'elle tourne au lavage de cerveau – c'est l'un des sujets de prédilection des écrivains contemporains, qui tombent parfois dans la caricature. Le sentiment d'appartenance et la cohésion du groupe sont-ils compatibles avec le respect des individus ? La question est intimement liée au thème du langage. Un langage « vrai » peut-il survivre à la langue de l'entreprise ? Cette dernière est-elle forcément une langue de bois ? En général, la vision des romanciers est plutôt sombre, puisqu'elle tend à faire du salarié et de son entreprise deux camps qui s'opposent, et dont les intérêts sont divergents par nature : l'entreprise est alors une machine à écraser les hommes.

Menacé par l'obligation de se fondre dans le moule de son entreprise, l'individu « vrai » peut aussi disparaître par volonté de faire corps avec sa profession. Voilà un second écueil qui guette les hommes et les femmes au travail – Sartre l'a exposé dans son célèbre texte sur le garçon de café. Du moins ceux qui se fondent dans les stéréotypes de leur métier ont-ils l'avantage de n'en avoir même pas conscience, trop occupés à jouer leur comédie sans relâche... Maigre consolation !

RÉSISTER À UN SYSTÈME DEVENU FOU

Résolution

PIERRE MARI

Pour une présentation générale de l'œuvre, voir page 9.

Il y avait d'abord les Goguenards, qui s'étaient eux-mêmes baptisés ainsi : ils ne se privaient pas, lors des pauses et des repas, de dénoncer l'indigence intellectuelle des séances et l'inadéquation criante des schémas théoriques qu'on leur assenait ; l'un d'eux dit un jour qu'entre les transparents projetés et le quotidien de l'entreprise, il y avait le même gouffre qu'entre les quotas de production du Plan soviétique et les performances réelles des usines. Le système communiste devint alors, jusqu'à la fin du cycle de formation, leur principale réserve d'analogies. Curieusement, durant les séances, les Goguenards restaient bien en deçà de leurs déclarations incendiaires : non seulement il leur arrivait de prendre des notes, mais ils acceptaient de discuter, avec le plus grand sérieux, des modèles ou des méthodes dont ils dénonçaient par ailleurs la nullité. (Plus d'une fois, il aurait souhaité les mettre en face de cette contradiction – ou prendre à témoin le reste du groupe, et demander haut et fort si personne n'en éprouvait de gêne. Mais un conférencier, invité à une causerie du soir, déclara que le jeu social n'avait rien à gagner à d'incessants rappels de cohérence, et il se le tint pour dit.)

Venaient ensuite les Cyniques, que le meneur des Goguenards avait ouvertement nommés ainsi, et que l'appellation ne semblait pas choquer. Eux-mêmes, cependant, préféraient se qualifier de « Réalistes ».

[...]

Il sentait bien, en effet, que le groupe tout entier manquait avec une constance remarquable les occasions qui s'offraient : un débat tournait poliment court, la tolérance arrondissait les angles qui affleuraient, des échappées intéressantes étaient soumises à un recadrage collectif. Un jour, l'un des stagiaires décrivit la situation des opérateurs en contact avec la clientèle, qu'il avait pu côtoyer ces dernières années : les mots d'ordre de leurs directions successives les obligeaient à des discours auxquels ils ne croyaient plus, ou qu'ils accompagnaient mentalement de toutes sortes de restrictions et correctifs ; la duplicité, pour la plupart, était devenue invivable. Ce tableau émut tout le monde – ceux qui découvraient la situation, ceux qui la devinaient, et ceux qui la connaissaient de longue date. Mais personne ne sut en tirer matière à débat, ni simplement l'accueillir : la discussion l'enjamba avec un mélange de gêne et d'habileté, et cette évocation, comme d'autres du même genre, fut abandonnée à elle-même.

© *Résolution*, Pierre Mari, Actes Sud, 2005

Un individu peut-il résister à un système devenu fou ? Véritable fil conducteur du livre, cette question habite non seulement le personnage principal de *Résolution* mais aussi tous ceux qui assistent aux errances stratégiques de leur entreprise, récemment privatisée, et au sabotage de leur métier qui en résulte.

De multiples stratégies de survie

Contrairement à ce que d'autres romanciers contemporains tentent de nous faire croire – et croient peut-être eux-mêmes pour n'avoir jamais mis les pieds dans une entreprise – les salariés ne sont pas une bande de décérébrés qui avalent joyeusement le catéchisme d'entreprise le plus grotesque et les enchaînements de décisions les plus absurdes. Le roman de Pierre Mari montre, au contraire, que lorsqu'ils se retrouvent confrontés à une organisation délirante, les hommes et les femmes de l'entreprise élaborent toutes sortes de stratégies de survie. La première d'entre elles consiste à décréter que l'épanouissement personnel commence après le bureau, cette tentative de cloisonner sa vie pour s'immuniser contre un environnement professionnel insupportable étant, bien entendu, illusoire. Une deuxième possibilité est de faire allégeance une fois pour toutes, comme un bon soldat, plus par fatalisme que par aveuglement – là non plus, cela ne mène pas à grand-chose. Enfin, une dernière option, adoptée par beaucoup, consiste à chercher refuge dans l'humour et la dérision, comme le font tous les peuples face à la tyrannie.

L'extrait présenté ci-dessus montre les cadres participant à un séminaire se scinder en deux clans, les « Cyniques », aux yeux de qui la soumission est la seule solution, et donc la meilleure, et les « Goguenards », qui s'enorgueillissent de décrypter la langue de bois et de comprendre que tout le discours de l'entreprise est une fumisterie. Mais cette vérité n'est bonne à dire que pendant l'entracte, avant que chacun ne reprenne sa place sur scène. Avec leur sens de la formule, les Goguenards sont brillants et drôles, mais leur résistance n'est guère qu'une fanfaronnade.

Comme l'explique le romancier un peu plus loin, le héros de *Résolution* voudrait, à l'inverse, que ces paroles critiques prennent sens et que leur petit groupe de cadres en formation devienne un levier de changement pour toute l'organisation. Mais il est paralysé par son exigence du mot juste, qui lui interdit les formules trop simplistes. Résultat : lui aussi se trouve pris dans le « *grand refoulement de parole* ». Même ceux qui rejettent les choix de l'entreprise sont impuissants à exprimer leur désapprobation.

Petites et grandes lâchetés

Pour Pierre Mari, la première explication de cette impuissance est la lâcheté. Différents épisodes le montrent, la plupart des élans de révolte s'arrêtent à mi-parcours. Lâcheté de N, ancien collègue muté dans une filiale récemment acquise et en plein chaos, qui, après s'être livré sans réserve, revient sur ses confidences comme un prévenu reviendrait sur ses aveux. Lâcheté de C, collègue des ressources humaines, qui veille à ce que ses (nombreuses) critiques soient « *sans résonance et sans conséquence* », et retourne sa veste devant son supérieur hiérarchique.

Parfois, cette lâcheté prend la forme d'arguments fallacieux, plus ou moins sincères. Par exemple quand le personnage principal tente de justifier sa décision de postuler aux ressources humaines auprès de V, ancien collègue à la retraite, intransigeant et radical, qui lui tient lieu de maître spirituel : « *On ne peut abandonner la partie à ceux qui prêchent la modernisation sans savoir ce que l'on met derrière ce mot* », plaide le jeune cadre pour défendre son choix. Mais V réfute l'argument avec brutalité : les purs ont beau penser que « *si ce n'est pas moi qui accomplis cette tâche, ce sera une brute sans âme* », ils sont condamnés à donner des gages et à « *montrer, à l'occasion, qu'ils savent se conduire comme des brutes* ». La prophétie se révélera juste : lorsque son supérieur demande au jeune cadre de ne pas faire de vagues face à des engagements non respectés à l'égard de personnes en reconversion, il se retrouve coincé. C'est le début de la connivence : « *Une petite honte à partager qui pourrait réduire les distances entre nous.* »

Quant à ceux qui n'ont pas le regard aiguisé de V pour éclairer leur conscience, l'entreprise se charge de fournir des solutions clés en main afin de prévenir tout état d'âme. Ainsi du conférencier péremptoire qui assène que « *le jeu social n'a rien à gagner à d'incessants rappels de cohérence* ». Ou encore du psychologue qui, lors d'un séminaire au titre éloquent de « *Vrais et faux problèmes : les lignes de partage* », engage les participants à ne pas s'épuiser vainement dans des dilemmes hypothétiques que rien ne leur impose... Il y a tellement mieux à faire que de réfléchir !

Des mots vidés de leur sens

Le deuxième facteur qui rend la parole impuissante à résister, c'est que les mots eux-mêmes ont été dérobés. « *Autonomie* », « *initiative* », « *valeurs* », « *responsabilités* » : Pierre Mari montre comment l'idéologie officielle a opéré un véritable rapt sur ces mots pour en faire des instruments de peur et d'angoisse. Résultat : « *Chacun devient le meilleur exploiteur de lui-même, chacun exige de soi ce qu'il n'aurait jamais accepté qu'un autre lui inflige.* » Brillante dans la bouche de V, orateur talentueux, la démonstration se fait poignante dans le témoignage d'un agent de maîtrise dont le poste va être supprimé : *« Aujourd'hui, ceux en qui vous n'avez aucune confiance n'arrêtent pas de répéter qu'ils comprennent vos problèmes – il y a même un moment où vous perdez pied, à force d'entendre dans leur bouche des mots qui sont les vôtres. »*

La dernière pierre de la démonstration prend la forme d'un slogan affiché dans un service : *« Il n'y a pas d'innovation sans insolence et sans désobéissance. »* Un appel officiel à la subversion qui rend toute subversion impossible : le piège se referme.

Un piège que le personnage principal contribue désormais à édifier, bien malgré lui. En intégrant les ressources humaines, service chargé de diffuser l'idéologie, il s'est jeté dans la gueule du loup. La sanction de V est sans appel : *« Aucune parole vivante ne pourra jamais venir des ressources humaines. »*

Refusant toujours la simplification et la caricature, Pierre Mari présente quelques exceptions à la règle. Dans la seconde partie de l'extrait présenté, on découvre ainsi une pépite de parole vraie, lorsqu'un participant reprend la parole pour décrire la souffrance des opérateurs en contact avec la clientèle. Mais cette échappée ne mène nulle part : même quand elle retrouve sa justesse, la parole échoue à résister.

Le seul acte de résistance mené à son terme n'est pas du domaine de la parole, mais des actes. Une scène émouvante montre le personnage principal et des collègues de son ancien service s'attarder *« plus que de raison »* lors d'un déjeuner à la cantine. Un épisode d'apparence anodine, sans coup d'éclat, sans préparatifs, sans stratégie. Et pourtant, le tableau de ces hommes et ces femmes qui restent assis là, liés par une compréhension muette et une solidarité indéfectible, prend des allures de *sit-in* à la Gandhi. Quand la parole échoue, seuls les corps sont à même d'opposer leur présence, là où on ne les attend pas – la scène fait écho à ce que le personnage principal déclare, de façon un peu énigmatique, au sujet de la force de V : *« Tout est affaire de corps. »*

Sur le terrain dialectique, l'entreprise aura toujours le dernier mot. Le corps-à-corps est le seul combat loyal, qui donne à l'individu une possibilité de l'emporter.

REPRENDRE LA PAROLE

Retour aux mots sauvages
THIERRY BEINSTINGEL

Parallèlement à son métier de cadre chez France Télécom, Thierry Beinstingel a écrit plusieurs ouvrages sur le monde de l'entreprise. Son roman *Retour aux mots sauvages*, publié en septembre 2010, apporte un éclairage de l'intérieur sur la série de suicides qui a touché l'entreprise. S'emparer d'un sujet aussi complexe était un pari risqué. Les médias en ont malheureusement fait la preuve : il est difficile de rendre compte du mal-être des salariés sans tomber dans le voyeurisme ou les clichés. Échappant à ces pièges, le roman de Thierry Beinstingel apporte un point de vue subtil sur cette délicate question, à travers le regard d'un électricien quinquagénaire reconverti en téléopérateur.

Parachuté dans une équipe plutôt chaleureuse, ce dernier fait de son mieux pour remplir sa nouvelle fonction. Cependant, il est rongé par la violence de cette reconversion et par le caractère déshumanisé de son nouveau travail, qui consiste à répéter des phrases imposées à la virgule près dans le but de vendre des abonnements aux noms abscons.

C'est dans ce contexte quasi orwellien que les salariés prennent de plein fouet la « vague de suicides ». Choqués et stigmatisés par le déferlement médiatique, ils se sentent encore plus mal, d'autant que la grande machine malade échoue à trouver des remèdes. Le personnage principal, lui, déjoue en partie le système en se liant d'amitié avec un client rencontré au détour des phrases sorties du prompteur – au mépris de toutes les procédures. Une revanche de la « vraie vie » sur le monde virtuel.

– Boulangerie Au Bon Pain, bonjour, que puis-je pour votre service ?

– Bonjour, je suis client chez vous et j'aimerais une baguette et deux croissants.

– Nous allons regarder ça ensemble. Vous êtes bien monsieur/madame/mademoiselle X ? Vous habitez bien dans le quartier ?

– Oui, juste en haut de la rue.

– Donc, si j'ai bien compris, vous souhaitez acquérir une baguette et deux croissants.

– Oui, c'est cela.

– Désirez-vous profiter de notre pain à farine traditionnelle Optimum plus ?

– Oui, avec deux croissants, s'il vous plaît.

– Êtes-vous au courant de tous les avantages de notre farine Optimum plus ?

– Non, mais je viens surtout pour les croissants.

– C'est tout à fait possible, monsieur/madame/mademoiselle. Je regarde les conditions de vente et je calcule votre prix.

– ...

– Je peux vous proposer un prix total de deux euros quatre-vingt-neuf centimes. Êtes-vous d'accord avec notre offre ?

– Et avec une baguette à farine Optimum confort, ça reviendrait à combien ?

– Je calcule cette nouvelle option.

– ...

– Je peux vous proposer un prix total de deux euros quatre-vingt-trois centimes. Toutefois, la baguette à farine Optimum confort ne bénéficie pas de la garantie de remplacement car les statistiques ont prouvé que peu de nos clients y ont recours, on a donc préféré diminuer le prix de la baguette plutôt que de conserver des options inutiles.

– Mettez-moi une baguette Optimum confort et deux croissants. La garantie de remplacement ne m'intéresse pas, en effet.

– Donc, monsieur/madame/mademoiselle X, vous désirez opter pour la formule Optimum confort avec deux croissants pour le prix de deux euros quatre-vingt-trois centimes, est-ce exact ?

– Oui, c'est bien cela.

– J'effectue le nécessaire immédiatement. Ai-je bien répondu à votre demande ? Désirez-vous autre chose ?

– Non, ce sera tout.

– La boulangerie Au Bon Pain vous remercie. Nous vous souhaitons, monsieur/madame/mademoiselle, une excellente fin de journée.

– Bonjour, monsieur. Monsieur ?

– Excusez-moi, je rêvais… Je voudrais une baguette et deux croissants.

Ce dimanche matin, il remarque en sortant qu'il a encore oublié de saluer la boulangère.

© *Retour aux mots sauvages*, Thierry Beinstingel, Fayard, 2010

Téléopérateur. Le mot est encore absent de la plupart des dictionnaires, mais le métier, lui, est en pleine expansion – il serait exercé par environ 250 000 personnes en France. À travers le portrait de l'un d'entre eux, Thierry Beinstingel montre la violence de ce métier, forme moderne de taylorisme aussi déshumanisante que le travail à la chaîne industriel dans sa version la plus dure. En se voyant imposer des mots normés et répétés à longueur de journée, les téléopérateurs se retrouvent en effet dépossédés du langage et, du même coup, de leur identité.

L'invasion du virtuel dans le monde réel

« On lui a dit qu'il fallait se choisir un prénom pour le message d'accueil. » La chose est expliquée à l'ancien électricien dès son arrivée dans le centre d'appels, sans ambages, comme une procédure parmi d'autres, une chose banale. Après tout, ce faux prénom qu'on leur demande de choisir, les téléopérateurs ne le prononcent qu'une seule fois, pour enregistrer le message d'accueil envoyé aux clients au début de chaque conversation, dans le but de gagner quelques précieuses secondes. Au fond, ce n'est pas si grave ; la preuve (ou est-ce la preuve du contraire ?), on essaye d'en rire. Les femmes, par exemple, qui envisagent les choix les plus audacieux et finissent par opter pour

Simone : « *ça fait prénom de grand-mère, du coup, pas embêtées par les dragueurs.* »

En réalité, malgré le détachement que les intéressés s'efforcent d'afficher, ce prénom factice symbolise, avec une grande violence, la perte d'identité. Son collègue Roland prévient le nouveau venu avec cette phrase assassine : « *N'oublie pas qu'on ne veut pas que tu existes en tant qu'individu.* »

Un autre symbole fort de cette perte d'identité est le fait que le client, à l'autre bout de la ligne, n'entend pas la rupture entre ce message d'accueil préenregistré une fois pour toutes et la personne, bien réelle, qui prend l'appel dans la foulée, comme dans un relais parfaitement réussi. Il y a quelque chose de terrifiant dans cette continuité entre virtuel et réel, prénom inventé et véritable personne, enregistrement et instant vécu en direct, faux et vrai. Victime d'un leurre, le client passe de la machine à l'homme ou à la femme sans même le savoir.

Dépossédés du langage

« *Le langage est le propre de l'homme.* » Si l'on accepte la fameuse phrase de Descartes sur laquelle des générations d'élèves de terminale ont planché, on comprend la violence des plateaux téléphoniques, dans lesquels, paradoxalement, le langage est interdit. La bouche n'a plus le droit de prononcer que les mots du prompteur, dans l'ordre où ils apparaissent à l'écran.

Comme le souligne le romancier, dans le cas des abonnements téléphoniques, ce sont des mots abstraits et creux, qui pourraient servir à vendre n'importe quoi. « *Optimum confort, mots passe-partout. Ce pourrait être n'importe quoi, une assurance-vie, une extension de garantie automobile, le choix d'une convention-obsèques, une recette miracle, une poudre de perlimpinpin, un élixir, une jouvence, de la peinture sur une porte écaillée, un cautère sur une jambe de bois, c'est une raison d'être, d'exister dans un monde fini, achevé, sans surprise, digéré jusqu'à la nausée.* »

Surtout, ce sont des phrases « *pensées par d'autres* ». L'extrait présenté ici montre ce que pourrait donner ce langage normé et artificiel si on le transposait dans une boulangerie. C'est drôle, mais cela fait froid dans le dos.

Autre illustration de la déshumanisation de cet univers aussi standardisé que les chaînes de production, le fait que, grâce au fameux message d'accueil préenregistré, les téléopérateurs soient dispensés de dire bonjour. « *Il faut se représenter ce que signifie ne jamais dire bonjour mais toujours au revoir* », souligne Thierry Beinstingel. De fait, c'est là une démarche profondément contre-nature, qui va à l'encontre des règles élémentaires de civilisation enseignées par les parents d'hier et d'aujourd'hui dès que leur enfant s'ouvre au langage. « *Merci* », « *s'il te plaît* », « *bonjour* », « *au revoir* » : loin d'être des conventions vieillottes, les « mots magiques » constituent la porte d'entrée à l'échange avec l'autre et au respect qui doit l'accompagner. Sous prétexte de gain de productivité, on demande donc aux téléopérateurs de réduire à néant le socle de leur éducation, de leur « savoir-vivre » au sens le plus noble.

Le dernier exemple de cette dépossession du langage concerne, cette fois, les échanges entre salariés. En imposant le tutoiement comme règle de convivialité obligatoire, l'entreprise a vidé ce dernier de tout son sens. C'est pourquoi le nouveau téléopérateur refuse obstinément de tutoyer son chef de service, personnage pourtant plutôt sympathique qui compose au mieux avec un environnement lourd. C'est un acte de rébellion modeste et un peu hors de propos – il reconnaît que le chef n'est « *pas le mauvais bougre* » – mais c'est une façon de marquer son refus de jouer la comédie et de se voir imposer des sentiments qu'il n'éprouve pas.

En réalité, l'appareil hiérarchique est en effet là pour exercer une pression permanente et non pour fraterniser avec les « petits ». L'ancien électricien le sait bien, à qui un autre chef reproche constamment de faire « *baisser la moyenne de l'équipe* ».

Précieuses miettes d'humanité

Dans cet univers glacial, on imagine combien les miettes d'humanité sont précieuses. Accueilli par une équipe plutôt soudée, où les autres n'ont pas choisi non plus d'être là, le nouveau téléopérateur se réchauffe aux rares moments de partage, comme le pot d'anniversaire de sa collègue, « *hérésie dans une modernité décomplexée* ». Martine, la collègue en question, a apporté « *la fameuse tarte au citron, dont elle est, paraît-il, la spécialiste reconnue* » : tant qu'il y aura des tartes au citron et des conversations sur les tartes au citron, on se dit que tout espoir n'est pas perdu !

Tout cela n'en est pas moins précaire, fragile. Quand la série de suicides fera la une des journaux, Robert, l'un des téléopérateurs de l'équipe, dénoncera le fait que ces « pansements » masquent une réalité très dure : « *J'en ai marre qu'on dise que tout va bien parce que nous, on a la chance d'avoir un chef sympa et de bien s'entendre.* » À la fin du roman, le même Robert apporte son propre champagne pour organiser son propre pot de retraite avec ses propres invités. Refusant une convivialité imposée et factice, il s'offre le luxe d'envoyer promener le supérieur hiérarchique antipathique qui leur a mis constamment la pression sur le dos. « *Vous m'excuserez, déclare Robert en se plaçant devant la porte, mais vous n'avez pas suffisamment atteint vos objectifs pour boire un coup avec nous.* » La phrase mêle les deux langues : la langue, fausse, de l'entreprise, et la langue, vraie, des hommes.

Les clients, autres victimes du système

Finalement, ce ne sont pas ses collègues, pourtant chaleureux, qui apporteront au personnage principal le réconfort décisif : contre toute attente, c'est un client qui jouera ce rôle. Il faut dire que les clients, tout comme les téléopérateurs, sont victimes de l'univers déshumanisé des centres d'appels. Pris « *dans les filets inextricables des processus* », ils subissent un sort qui n'a rien d'enviable.

En principe, le rôle des téléconseillers est de les prendre au piège, de les ferrer. Mais là où la vente prenait un caractère jubilatoire, chez

Maupassant, Jules Romains ou Zola, elle devient, ici, une infamie. « *On est tous complices, tous...* », s'exclame l'un des collègues, à bout, lorsque la chargée de marketing vient leur présenter un nouvel abonnement destiné aux étudiants, avec un décor censé évoquer la rentrée des classes grâce à de grotesques marrons en plastique.

C'est ce statut partagé de victimes du système qui peut amener les clients et les téléopérateurs à s'allier contre lui. On voit ainsi le personnage principal enfreindre les procédures une première fois en rappelant un client chez lui, afin de lui donner des précisions qu'il a omises de lui communiquer. L'initiative peut être considérée comme un acte de conscience professionnelle, mais elle dénote aussi une envie de reprendre les rênes, de retrouver du sens.

Quelques jours plus tard, l'ancien électricien transgresse carrément les règles, sans préméditation, lorsque le hasard le met en contact, pour la seconde fois, avec le même client qui affirme avoir payé sa facture. « *Il apostrophe le client, lui dit qu'il l'a reconnu, qu'il connaît bien son problème, qu'il ne comprend pas ce qui a pu se passer mais que c'est une chance de tomber sur lui, l'opérateur Éric, dans l'affectation aléatoire des appels vers deux cents conseillers au moins. Il répète : une chance sur deux cents peut-être plus, une chance sur cinq cents, comme à la loterie.* » Au mépris de toute procédure, le téléopérateur accorde sa confiance à son interlocuteur et le croit sur parole – enfin les mots retrouvent une place, un sens, une valeur. En forçant la transaction, autrement dit en reprenant le contrôle sur la machine, le téléopérateur prend la responsabilité de rétablir la ligne bien que le règlement n'ait pas été enregistré et qu'il n'en ait pas le droit.

À ce stade, il n'y a plus de retour en arrière possible : homme d'engagement, le téléopérateur n'hésitera pas à se déplacer chez le client, lourdement handicapé, pour récupérer les preuves du règlement et résoudre l'imbroglio administratif. La visite au domicile modeste du jeune homme et de sa sœur apporte au personnage de la joie, des sentiments « *frais, purs* ». C'est grâce à ces deux êtres en pleine tragédie que l'homme retrouve accès aux émotions et aux échanges vrais.

« *Avait-il besoin de cette histoire-là ?* » se demande-t-il, bougon, seul dans sa voiture, au moment où il se rend chez le client pour récupérer les papiers. Mais il a beau feindre de regretter ce geste généreux, la réponse est oui, bien sûr. C'est précisément de cette histoire tragique mais humaine et vraie qu'il a besoin pour retrouver, lui aussi, son humanité. « *Se sentir à nouveau utile dans un travail qui ne lui en laissait que si peu l'occasion.* » Étrange environnement, où seule la désobéissance permet à l'individu de donner du sens à son travail, et, par là même, d'exister.

FAIRE CORPS AVEC SON PERSONNAGE

Journal du dehors
ANNIE ERNAUX

Écrit entre 1985 et 1992 dans la ville nouvelle de Cergy, où vit alors Annie Ernaux, le *Journal du dehors* est un recueil de textes courts sur les rencontres de la vie quotidienne. R.E.R., supermarché, centre commercial, les lieux sont ceux de la banlieue, et c'est l'une des qualités de ce livre de montrer que c'est un lieu de vie à part entière – excepté les remarquables romans de Dominique Fabre, rares sont les œuvres littéraires qui se déroulent dans ce cadre.

Annie Ernaux expose son intention de la façon suivante : « *Il me semble que je voulais ainsi retenir quelque chose de l'époque et des gens qu'on croise juste une fois, dont l'existence nous traverse en déclenchant du trouble, de la colère ou de la douleur.*[1] » Récit de la vie de tous les jours, le *Journal du dehors* met souvent en scène des commerçants, observant avec finesse la relation qu'ils nouent avec leur métier et avec leurs clients.

---

1. Avant-propos inédit de l'auteur, Folio, 2009.

Salon de coiffure Gérard Saint-Karl. J'ai cherché long-temps qui était Gérard Saint-Karl parmi les hommes qui coiffent. Je pensais que c'était le plus âgé, encore beau, genre apache. Plus tard, j'ai remarqué les photos d'hommes au mur, et j'ai cru voir une ressemblance entre ces derniers et les jeunes gens à pantalons larges, aux cheveux en brosse, qui coiffent. Récem-ment, je me suis rendu compte que Gérard Saint-Karl était le nom d'une chaîne de coiffure unisexe et qu'il n'y avait peut-être personne s'appelant ainsi. Impression d'avoir été trompée.

[…]

Toutes les coiffeuses ont des têtes de fête, maquillages vifs, boucles d'oreilles lourdes et rutilantes, cheveux rouges, mèches bleues. Elles représentent leur fonction et leur visée : transformer toute tête en boucles, volutes, éclat de jais ou de soleil, éblouissement d'un jour (le lendemain ce n'est déjà plus ça). Coiffeurs et coiffeuses appartiennent à un monde en couleurs, théâtral, tous vêtus à la pointe de la mode, excentriques hors du salon. Le patron, l'encore beau faux Gérard Saint-Karl, était vêtu en cow-boy il y a six mois, pantalon et veste de cuir laissant voir une bande de ventre bronzé, horizontale. Dernièrement en danseur, tout en blanc, bande de peau verticale par l'échancrure de la chemise ouverte jusqu'à la taille. Maintenant il évolue vers Lawrence d'Arabie, vaste pantalon noir plissé, resserré aux chevilles, chemise blanche, écharpe à plusieurs tours au cou, une barbe, les cheveux longs. Une femme, à peu près du même âge, qui doit être son épouse, se méta-morphose symétriquement, pantalons de plus en plus étroits, anneaux aux oreilles de plus en plus grands, faux cils, mais toujours dans le même sens, celui de la sophistication. Il a une bonne longueur d'avance sur elle dans son pantalon à la turque.

© *Journal du dehors*, Annie Ernaux, Gallimard, 1993

Dans l'extrait présenté ci-dessus, Annie Ernaux montre comment son coiffeur, ainsi que l'épouse et les employées de ce dernier, se fondent dans leur rôle, comme des comédiens de théâtre qui auraient endossé leurs costumes de scène. Ces individus finissent par disparaître entièrement derrière la fonction assignée par leur commerce, alors même que le commerce, dans un mouvement inverse, crée de toutes pièces des individus factices.

Se conformer à l'image attendue... au risque de se perdre

La scène racontée par la romancière rappelle immanquablement le garçon de café décrit par Jean-Paul Sartre cinquante ans plus tôt dans *L'Être et le Néant*. En observant un serveur, le philosophe, attablé au café, s'aperçoit qu'il en fait un peu trop : geste « *un peu trop précis, un peu trop rapide* », « *un peu trop vif* », « *un peu trop d'empressement* ». Il en déduit que son comportement n'est pas naturel, autrement dit qu'il *joue* à être garçon de café.

Vu par Sartre, ce jeu a une portée philosophique : le garçon de café montre ainsi ce que l'écrivain appelle sa « *mauvaise foi* », autrement dit l'écart entre ce que l'on est et ce que l'on fait apparaître de soi-même. Pour Sartre, les êtres humains, contrairement aux objets, ne peuvent devenir eux-mêmes que par un effort de volonté. Le garçon de café, comme bien d'autres, préfère, au contraire, en rajouter dans l'exécution de son rôle, tentant ainsi de se convaincre qu'il *est* ce garçon de café. En s'efforçant de fusionner son être et sa fonction, il évite de s'interroger sur ce qu'il est vraiment : « *comme s'il n'était pas de mon libre choix de me lever chaque matin à cinq heures ou de rester au lit quitte à me faire renvoyer.* » Cette conduite stéréotypée est une tentative, vaine, de fuir sa propre vacuité. Car le serveur a beau adopter les gestes d'un « *automate* » et se donner « *la prestesse et la rapidité impitoyable des choses* », il n'*est* pas une chose, et son identité est plus complexe que celle d'une chose.

Si cette analyse de Sartre porte sur la condition humaine dans son ensemble, le philosophe souligne qu'elle s'applique tout particulièrement aux commerçants. « *Cette obligation ne diffère pas de celle qui s'impose à tous les commerçants : leur condition est toute de cérémonie, le public réclame d'eux qu'ils la réalisent comme une cérémonie, il y a la danse de l'épicier, du tailleur, du commissaire-*

priseur, par quoi ils s'efforcent de persuader leur clientèle qu'ils ne sont rien d'autre qu'un épicier, qu'un commissaire-priseur, qu'un tailleur. Un épicier qui rêve est offensant pour l'acheteur, parce qu'il n'est plus tout à fait un épicier. La politesse exige qu'il se contienne dans sa fonction d'épicier, comme le soldat au garde-à-vous se fait chose-soldat avec un regard direct mais qui ne voit point, qui n'est plus fait pour voir, puisque c'est le règlement et non l'intérêt du moment qui détermine le point qu'il doit fixer (le regard "fixé à dix pas").[1] »

De fait, plus que tout autre, le métier de commerçant exige de plaire aux autres, en l'occurrence au public permanent que constitue la clientèle. Chaque matin, le lever du rideau de fer est semblable au lever de rideau du théâtre. Sartre affirme que le respect de cette norme sociale est impératif et que le commerçant qui y déroge prend un caractère inquiétant : l'épicier qui rêve place en effet son client lui-même dans l'impossibilité de jouer son propre rôle. Pour Sartre, ces normes sociales sont condamnables car elles visent à « *emprisonner l'homme dans ce qu'il est* ». Autrement dit, il est impossible d'être soi-même au sein d'une fonction.

Les coiffeurs décrits par Annie Ernaux sont dans un schéma identique. Eux aussi en rajoutent un peu, avec la bande de ventre bronzé de l'un, les maquillages et les faux cils des autres. Les coiffeuses « *représentent leur fonction et leur visée* » : ce sont des êtres en représentation permanente, qui font tout pour effacer leur identité individuelle.

L'intérêt de ce texte, comme du *Journal du dehors* dans son ensemble, réside dans le mélange de finesse d'observation et d'humour. La fin de l'extrait, qui décrit la course permanente à la sophistication entre Monsieur et Madame, est d'une grande drôlerie, avec la « *longueur d'avance* » reprenant le thème de la longueur des pantalons, qui cristallise toute cette recherche de paraître.

---

1. Jean-Paul Sartre, *L'Être et le Néant*, Gallimard, 1943.

Le commerce crée des individus virtuels

En parallèle, le *Journal du dehors* montre que cette disparition des individus derrière leur fonction s'accompagne d'un autre phénomène, qui est pratiquement un mouvement inverse. En même temps que des individus en chair et en os sont happés par leur rôle, le commerce crée d'autres individus, virtuels, dans l'imaginaire des clients. Ainsi, Annie Ernaux a longtemps cru, à tort, qu'il existait un dénommé Gérard Saint-Karl, patron de son salon de coiffure, et elle lui a attribué un visage. De même, à force d'entendre une voix chaleureuse débiter des annonces commerciales à La Samaritaine, elle a cru qu'il existait un animateur jeune et séduisant. D'où son choc en découvrant celui qui se cache réellement derrière la voix enjôleuse : « *Un type roux, à demi chauve, avec d'énormes lunettes de myope, de petites mains grasses.* » Cette révélation, tout comme celle de l'inexistence de Gérard Saint-Karl, lui donne le sentiment d'avoir été trompée. On lui a fait croire à des êtres qui n'étaient que des mirages.

Au total, c'est donc tout un univers d'individus factices qui caractérise le commerce : les « vraies personnes » disparaissent derrière leurs masques, tandis que des personnages virtuels sont créés de toutes pièces pour mieux vendre tout et n'importe quoi.

DEVENIR SA PROPRE CARICATURE

Extension du domaine de la lutte
MICHEL HOUELLEBECQ

Premier roman de Michel Houellebecq, *Extension du domaine de la lutte* raconte l'existence solitaire d'un jeune analyste-programmeur, observateur désabusé et dépressif du monde qui l'entoure. Désigné pour former le personnel du ministère de l'Agriculture à un nouveau progiciel, il séjourne successivement dans plusieurs villes, emportant à chaque fois, dans ses bagages, son mal-être… et un collègue qui va encore plus mal que lui – il place pourtant la barre haut ! Outre les thèmes, chers à Houellebecq, de la vacuité de la société contemporaine et de la frustration sexuelle et affective, on trouve dans ce livre une vision pessimiste des métiers de l'informatique, et plus largement du monde du travail. Désenchantement, misanthropie, cynisme, hypocrisie ; ce roman extrêmement noir serait déprimant s'il n'était porté par un brillant sens de l'humour, en particulier pendant les scènes de réunions avec les clients.

Au cours de la matinée un septième personnage fera des apparitions épisodiques, venant égayer l'aréopage. Il s'agit du chef du service « Études informatiques » du ministère de l'Agriculture, celui que j'ai raté l'autre jour. L'individu semble s'être donné pour mission d'incarner une exagération survoltée du personnage du patron jeune et dynamique. Dans ce domaine, il bat de plusieurs longueurs tout ce que j'ai eu l'occasion d'observer auparavant. Sa chemise est ouverte, comme s'il n'avait vraiment pas eu le temps de la boutonner, et sa cravate penchée de côté, comme pliée par le vent de la course. En effet il ne marche pas dans les couloirs, il glisse. S'il pouvait voler il le ferait. Son visage est luisant, ses cheveux en désordre et humides, comme s'il sortait directement de la piscine.

[…]

À sa première entrée il nous aperçoit, moi et mon chef ; en un éclair il est près de nous, sans que je comprenne comment ; il a dû franchir les dix mètres en moins de cinq secondes, en tout cas je n'ai pas pu suivre son déplacement.

Il pose sa main sur mon épaule et me parle d'une voix douce, disant combien il est désolé de m'avoir fait attendre pour rien, l'autre jour ; je lui fais un sourire de madone, je lui dis que ça ne fait rien, que je comprends très bien et que je sais que la rencontre, tôt ou tard, aura lieu. Je suis sincère. C'est un moment très tendre ; il est penché vers moi et vers moi seul ; on pourrait croire que nous sommes deux amants que la vie vient de réunir après une longue absence.

Dans la matinée il fera deux autres apparitions, mais à chaque fois il restera sur le pas de la porte, s'adressant uniquement au jeune type à lunettes. À chaque fois il commence par s'excuser de nous déranger, avec un sourire enchanteur ; il se tient sur le pas de la porte, accroché aux battants, en équilibre sur une jambe, comme si la tension interne qui l'anime lui interdisait l'immobilité prolongée en station debout.

De la réunion en elle-même, je ne garde que peu de souvenirs ; de toute façon rien de concret n'a été décidé, sinon dans le dernier quart d'heure, très vite, juste avant d'aller déjeuner, où l'on a mis en place un calendrier de formations pour la province. Je suis directement concerné, puisque c'est moi qui devrai me déplacer ; je prends donc note à la hâte des dates et des lieux retenus, sur un papier que d'ailleurs je perdrai le soir même.

© *Extension du domaine de la lutte*, Michel Houellebecq,
Éditions Maurice Nadeau, 1994

Autant le reconnaître tout de suite, la figure du jeune cadre dynamique présentée dans l'extrait ci-dessus n'est pas très originale. Le cliché du jeune loup aux dents longues, si possible « qui rayent le parquet », est tellement éculé qu'on n'a, *a priori*, guère envie de s'y intéresser.

Malgré tout, en prenant le parti d'en rajouter, Houellebecq réussit le tour de force de dresser un portrait drôle et fort à partir de ce stéréotype. Son exceptionnel talent de caricaturiste passe par des enchaînements de comparaisons inattendues et par l'utilisation de termes décalés, totalement hors de propos par rapport au contexte de la scène.

Résultat, un texte très drôle, et un personnage qui prend une dimension presque tragique à force de ridicule. Malgré tous ses efforts pour se conformer à l'image du jeune cadre efficace, ou plutôt à cause d'eux, le malheureux ne semble guère crédible – indépendamment du regard impitoyable du narrateur. Il en vient à incarner, à lui seul, toute la vacuité de la comédie du travail.

Des efforts pathétiques pour jouer son rôle

Tout au long du roman, d'autres scènes montrent les efforts pathétiques (forcément !) des individus pour se fondre dans leurs rôles. Ainsi, quand le narrateur rejoint son fameux collègue Tisserand, avec qui il doit coanimer les formations, il souligne que leurs choix vestimentaires respectifs leur assignent des rôles parfaitement définis. *« Tout son habillement évoque le personnage du cadre commercial hyper-dynamique, ne manquant pas d'humour. Quant à moi, je suis vêtu d'une parka matelassée et d'un gros pull style "week-end aux Hébrides". J'imagine que dans le jeu de rôles qui est en train de se mettre en place je représenterai l'"homme système", le technicien compétent mais un peu bourru, n'ayant pas le temps de s'occuper de son habillement, et foncièrement incapable de dialoguer avec l'utilisateur. »* Ici, l'habit fait le moine, puisqu'il suffit de distribuer les rôles. Pour reprendre un terme utilisé à plusieurs reprises dans le livre, les individus n'ont aucun *« degré de liberté »*. Ils mettent d'ailleurs une remarquable bonne volonté à se conformer à leur personnage et à leur fonction professionnelle.

Un peu plus loin, toujours au ministère de l'Agriculture mais cette fois au sein de la direction régionale de Rouen, le narrateur observe de nouveau le même phénomène. Le dénommé Schnäbele, jeune chef du service informatique en cours de création, lui fait visiter son spacieux bureau, faisant ainsi étalage de sa puissance. Il profite de l'occasion pour humilier publiquement sa malheureuse secrétaire, histoire de parachever la démonstration de son pouvoir.

« Schnäbele joue son rôle de manière impressionnante. » Le commentaire est explicite : une fois de plus, le monde du travail est

une scène de théâtre, où l'on donne une pièce assez médiocre. Lorsque Houellebecq qualifie cet épisode de « *fastidieux cérémonial* », on peut se demander pour qui le cérémonial est fastidieux. Pour l'observateur lucide qu'est le narrateur, sans aucun doute, mais aussi, peut-être, pour Schnäbele lui-même, condamné à mettre en scène chaque jour son pouvoir et son efficacité.

Les échanges vrais sont impossibles

Si le fait d'assimiler le monde du travail à une vaste comédie est assez courant, le romancier va un cran plus loin en laissant entendre que toute tentative de s'affranchir de son rôle pour exister de façon libre et authentique serait condamnée à l'échec. Car « l'autre » n'a de cesse de vous coller au plus vite une étiquette, à laquelle il vous réduit pour toujours. En l'occurrence, pour le jeune chef de service Schnäbele, ce sont les études suivies qui font office de critère de tri – un phénomène bien français. Il profite du déjeuner pour interroger les deux informaticiens de la SSII sur leur formation, sans doute pour s'assurer qu'elle est inférieure à la sienne et qu'il peut les toiser sans complexes… « *Tisserand, à cet égard, lui donne toute satisfaction : il prétend avoir fait l'École supérieure de commerce de Bastia, ou quelque chose du même genre, à la limite de la crédibilité.* »

En somme, le monde du travail se caractérise par l'impossibilité pour les individus de sortir de l'image qu'on leur assigne ou qu'ils s'assignent à eux-mêmes. Mais qu'on se rassure, pour le jeune informaticien créé par Houellebecq, et dans une certaine mesure pour le romancier lui-même, ce constat s'applique à tous les échanges humains : les relations amoureuses sont nulles et non avenues, de même que les relations amicales sont vouées à l'échec et au stéréotype, qu'elles aient ou non pour cadre le milieu professionnel.

Il faut reconnaître, à la décharge du narrateur, que ses collègues, exclusivement préoccupés par l'aspect matériel de leur existence, sont peu sympathiques. Le dénommé Bernard se passionne pour ses SICAV ; quant au supérieur hiérarchique, il est littéralement bouleversé lorsqu'il apprend que son collaborateur s'est fait voler sa voiture.

Les condoléances et trémolos qui accompagnent cet événement font écho à plusieurs scènes au cours desquelles des morts récentes sont évoquées par les proches avec la plus grande désinvolture – triste échelle de valeur, dans laquelle la perte d'une voiture compte plus que celle d'un être humain.

Quoi qu'il en soit, indépendamment des qualités ou défauts réels de ses interlocuteurs, le narrateur plombe toute possibilité d'échange vrai par son regard acerbe. En plaçant immédiatement la discussion avec son supérieur sous le vocable stéréotypé d'une « *espèce de conversation entre hommes* », il le condamne aussitôt à la nullité.

Sans doute, il est exact que les individus aiment à rentrer dans des cases et à y placer les autres. Mais le narrateur exagère ce constat, au point de ne rien laisser advenir, jamais. Chez Houellebecq, la caricature est un prisme de lecture permanent – c'est sa marque de fabrique, et une grande partie de son talent. Dans ce roman, le résultat est très drôle, mais l'adoption de cette grille de lecture expose à une vision du monde assez destructrice. Si l'on pense en effet que tout échange est mort-né, il ne reste plus qu'à s'enfoncer dans la dépression, à l'image du personnage principal... Comme il est dit à l'avant-dernière ligne du roman : « *Le but de la vie est manqué.* » Houellebecq est un écrivain à consommer avec modération.

Chapitre 3

LE TRAVAIL, C'EST LA SANTÉ

S ouffrance au travail, harcèlement moral, *burn-out*, troubles psychosociaux : la santé au travail, ou plutôt son absence, a fait une entrée fracassante dans les médias puis dans les préoccupations des entreprises, les catalogues de formation, les politiques publiques... et les œuvres littéraires. Alors que les écrivains se sont longtemps concentrés sur les conditions de travail en usine – comme la philosophe Simone Weil dans les années 30 ou Leslie Kaplan et Robert Linhart dans les années 70 et 80 – les romanciers d'aujourd'hui évoquent un mal-être généralisé, aux allures de problème de société.

Les origines en sont multiples : déshumanisation du travail, pression excessive, tensions avivées par la peur du licenciement, décalage entre les mots de l'entreprise et ses actes. Pour certains, cela va jusqu'au suicide – le roman de Thierry Beinstingel aborde le sujet avec délicatesse et subtilité.

Sans oublier ce paradoxe, que soulignent les ouvrières lorraines licenciées par Daewoo dans le roman de François Bon : même lorsqu'un emploi est exercé dans des conditions pénibles et un climat pesant, sa disparition suscite perte de repères et angoisse.

Pour d'autres, cependant, le travail est source non seulement de reconnaissance sociale, mais aussi de plaisir, d'épanouissement, de bonheur en somme. C'est le cas du Saccard de Zola ou du Haverkamp de Jules Romains, qui puisent en lui leur appétit de vivre, leur énergie. C'est aussi le cas de Sherman McCoy, le brillant trader du *Bûcher des vanités*. Mais ce dernier finira par comprendre que le bonheur procuré par le travail est illusoire, et ce n'est qu'après avoir perdu ce dernier qu'il renaîtra à la vraie vie. Décidément, les romanciers contemporains voient le rapport entre travail et santé sous un jour sombre – reflétant en cela, hélas, le point de vue de leur époque.

TRAVAILLER POUR EXISTER

Le Bûcher des vanités
TOM WOLFE

Best-seller mondial des années 1980, *Le Bûcher des vanités* raconte la chute d'un brillant trader de Wall Street, après que lui et sa maîtresse ont renversé accidentellement un jeune Noir dans le Bronx. Peu à peu, c'est tout l'univers personnel et professionnel de Sherman McCoy qui s'effondre, son procès étant instrumentalisé par des politiciens, au prétexte de montrer que la justice est la même pour les *WASP* richissimes de Park Avenue et pour les Noirs pauvres du Bronx. Pris dans un procès « pour l'exemple », le golden boy est traîné dans la boue par des carriéristes hypocrites, qui brandissent la cause de la justice sociale pour assouvir leurs ambitions personnelles. D'abord anéanti par cette descente aux enfers, qui le précipite du succès le plus éclatant vers l'humiliation la plus cuisante, l'arrogant trader finit par comprendre que toute sa vie « d'avant » reposait sur des apparences et des relations factices.

Plein de suspense et de rebondissements, le roman est aussi une analyse sociologique cruelle du New York des années 1980 : traders grisés par leur puissance, haute bourgeoisie obsédée par l'exhibition de sa richesse et repliée sur elle-même, journalistes prêts à tout pour vendre de la copie, politiciens dévorés par leur soif de pouvoir, hommes d'Église manipulateurs, magistrats frustrés et sans éthique.

Avec son intrigue haletante, sa remarquable galerie de personnages secondaires et un souci du détail qui n'est pas sans rappeler Zola, le roman tient le lecteur en haleine tout au long de ses sept cents pages.

À 17 heures ils avaient vendu 40 % – 2,4 billions – des 6 billions à un prix global de 99,75062 $ par paquet de 100 $ d'obligations, pour un profit non pas double, mais quadruple ! *quadruple tick* ! C'était un profit de 12 cents et demi par 100 $. *Quatre ticks* ! Pour l'éventuel racheteur au détail de ces obligations, que ce soit un individu, une firme ou une institution, c'était parfaitement invisible. Mais – *quadruple tick* ! Pour Pierce & Pierce cela signifiait un profit de presque 3 millions de $ en un après-midi de travail ! Et cela ne s'arrêtait pas là. Le marché tenait bon et était à la hausse. Dans la semaine à venir, ils pouvaient facilement se faire 5 millions de $ supplémentaires, voire 10 sur les 3,6 billions restants. *Par quatre* !

Vers 17 heures, Sherman était collé au plafond par l'adrénaline. Il était membre de la force irrésistible de Pierce & Pierce, Maîtres de l'Univers. Une audace à vous couper le souffle. Risquer 6 billions en un après-midi pour faire *deux ticks* – 6 cents un quart par centaine de $ – et arriver à en faire *quatre* ! – *quatre ticks* ! – l'audace ! – l'audace ! Y avait-il puissance plus excitante à la surface de la terre ! Que Lopwitz contemple tous les matches de cricket qu'il voudrait ! qu'il joue au crapaud en plastique ! Maître de l'Univers – l'audace !

Tout cela coulait comme un fleuve à travers les membres de Sherman, à travers son système lymphatique, son bas-ventre. Pierce & Pierce était le pouvoir, et il était connecté au pouvoir, et le pouvoir grondait et jaillissait jusque dans son être profond.

© *Le Bûcher des vanités*, Tom Wolfe, Éditions Sylvie Messinger, 1988

À travers son personnage principal, le jeune et richissime trader Sherman McCoy, *Le Bûcher des vanités* dresse le portrait de toute la caste des golden boys new-yorkais. Pour ces jeunes hommes (car ce sont tous des hommes) qui voient des sommes d'argent extravagantes passer entre leurs mains et atterrir sur leur compte, le travail procure une excitation physique et un puissant sentiment de supériorité, qui deviennent le sens même de leur existence. Au-delà des seuls financiers, Tom Wolfe montre que toute la société new-yorkaise des années 80 survalorise le travail et le statut social qui va de pair, avec pour conséquence des relations humaines intéressées, superficielles, voire factices. D'où ce paradoxe : c'est après la perte de son travail et de son statut, et donc sa « mort sociale », que le personnage principal renaît hors de cette aliénation. Bien qu'il occupe le centre de nombreuses existences et de toute une société, le travail est en réalité un rideau de fumée qui cache l'accès à la vraie vie.

Excitation et jouissance physique

Prise de risque, rapidité de décision, fébrilité, effervescence, adrénaline, bluff : le métier de trader est un métier d'émotions fortes. Le roman de Tom Wolfe décrit avec brio l'atmosphère unique des salles de marché, d'une manière qui rappelle la description de la Bourse parisienne par Zola un siècle plus tôt.

L'extrait présenté insiste sur la jouissance physique ressentie lors d'une transaction financière réussie. « *Bas-ventre* », « *excitation* », « *système lymphatique* », « *être profond* » : c'est tout le corps du richissime financier qui est irrigué de bien-être. Quelques pages plus tôt, le romancier décrit son arrivée dans la salle des obligations de la façon suivante : « *Vous entendiez un rugissement païen, comme une foule grondante. [...] Ce matin-là, comme tous les matins, ses tripes résonnaient en harmonie avec ce bruit.* » Les golden boys vivent au diapason de la salle des marchés et font littéralement corps avec leur travail. Cette excitation partagée, et le fait que les bénéfices sont mis en commun et redistribués, créent un fort esprit de caste. Du moins les traders ont-ils cette conviction : la suite du roman montrera à quel point cette chaleureuse camaraderie est factice.

Un délicieux sentiment de supériorité

Si le trader ressent un plaisir physique lorsqu'il se retrouve en salle de marché, tel un pilote au volant de sa formule 1, le sentiment de sa supériorité par rapport au reste du monde l'habite en tout lieu et à toute heure, caractérisant toute son existence.

En ce qui concerne Sherman McCoy, le personnage principal, il faut reconnaître qu'il était prédisposé à l'arrogance depuis tout petit. Lorsqu'il se rendait dans les bureaux de son père, célèbre avocat, « *Sa Majesté l'Enfant* » faisait l'objet d'une véritable vénération :

« *Tout le monde, la réceptionniste, les associés plus jeunes, même les portiers connaissaient son nom et le chantaient comme si rien ne pouvait apporter de plus grand bonheur aux loyaux sujets de Dunning Sponget que la vue de ce petit visage et de son menton aristocrate.* » En véritable « gosse de riche », Sherman McCoy a grandi dans l'opulence, la supériorité et le mépris – devenant beaucoup plus snob que son père, qui, après avoir dirigé 200 avocats, continue à prendre les transports en commun. Avec de telles bases, comment ne serait-il pas convaincu qu'un « bon » métier lui permettra de dominer le monde ?

Une scène particulièrement frappante montre le mélange de plaisir et de puissance que ressent le financier au moment où il va conclure une transaction délicate, pendant qu'un cireur fait briller ses chaussures. « *Sherman sentait avec plaisir la pression du chiffon sur ses métatarses. C'était un minuscule massage de l'ego, si on prenait ça au pied de la lettre – cet homme de couleur meilleur cireur du monde, avec sa tonsure lisse, là, à ses pieds, frottant, inconscient des leviers avec lesquels Sherman pouvait soulever un autre pays, un autre continent, rien qu'en prononçant quelques mots relayés par satellite.* »

Cette confiance en soi, mêlée d'une grande maîtrise, est d'ailleurs indispensable pour exercer le métier de trader, dans lequel la dimension psychologique compte au moins autant que le savoir-faire technique. On le voit dans la scène pivot au cours de laquelle Sherman découvre qu'il risque d'être mis en cause pour avoir renversé un jeune Noir dans le Bronx, précisément sur la feuille de journal utilisée par le cireur. Pris de panique, le trader perd le contrôle de la conversation téléphonique avec son homologue français et fait ainsi échouer l'opération financière importante sur laquelle il travaillait depuis plusieurs mois. Il a suffi que son interlocuteur perçoive une inflexion inquiète dans son intonation pour que tout s'effondre. « *Tout en parlant, il se rendait compte de l'urgence fatale contenue dans sa voix. À Wall Street, un vendeur frénétique était un vendeur mort.* » Dans ce monde-là, tout est affaire d'apparence.

Cette arrogance des financiers est d'autant plus ridicule que leur travail est présenté par le romancier comme insaisissable et vain. Sherman

McCoy se révèle incapable d'expliquer son métier de spécialiste du marché des obligations à sa fille de six ans. C'est finalement sa femme qui fait mine de voler à son secours avec une métaphore, dans laquelle elle compare le travail de son mari à celui de ramasseur de petites miettes... L'intéressé n'apprécie pas cette analogie qui fait de lui un profiteur, sans réalisation concrète ni valeur ajoutée pour personne.

Non seulement ce sentiment de supériorité lié au travail est injustifié, mais il aura des effets désastreux pour le riche financier, après sa mise en cause dans l'accident de voiture qui coûte la vie au jeune Noir. C'est en effet parce que le trader domine de toute son arrogance la pyramide sociale qu'il deviendra « *le Grand Inculpé Blanc idéal* » aux yeux des politiciens et magistrats du Bronx, trop heureux d'avoir entre leurs mains un accusé différent des pauvres, drogués, Latinos et Noirs qui sont leur lot quotidien... Ironiquement, c'est donc sa puissance présumée qui précipite le financier dans l'abîme, là où un accusé anonyme aurait reçu un verdict plus léger.

Chacun est jugé à travers le prisme de son travail

Les financiers ne sont pas les seuls à considérer le travail comme le socle de la reconnaissance sociale, et donc de toute leur existence. Même les voyous du Bronx voient dans leur activité de délinquant le moyen d'accès à un statut, ce qui les conduit à exhiber les codes de leur « profession » au sein même du tribunal, alors que c'est évidemment contraire à leur intérêt ! « *Ils ne manquaient jamais d'avoir l'air du jeune délinquant devant les juges, les jurés, les juges d'application des peines, les experts psychiatres, devant chaque âme dont dépendaient leur séjour, ou pas, en prison, et aussi la durée de ce séjour.* »

Idem pour les journalistes : lorsque Tom Wolfe décrit le bureau du directeur d'un journal de bas étage, il montre qu'il est conforme en tout point à ce qu'on attend de la part d'un « *Magnat de la Presse Débordé* ». Lui aussi n'existe que par son travail.

L'un des portraits les plus cruels est celui du substitut du procureur chargé du procès de Sherman McCoy, jeune homme aussi frustré par son salaire modeste que par le manque de considération qu'on lui porte. « *Représenter l'État dans de telles affaires, c'était faire partie du service des éboueurs, travail nécessaire et honorable, pénible et anonyme.* »

Sa seule compensation est la présence occasionnelle de quelques « midinettes », arrivées au tribunal du Bronx par le hasard des tirages au sort de jurés, qui ne se montrent pas insensibles à l'éloquence des tribuns, surtout dans ce contexte théâtral et tragique… Comme beaucoup de ses collègues, Larry Kramer utilise son métier pour draguer, bafouant sans vergogne toute éthique professionnelle. « *Le nombre de gardes, d'avocats de la défense, de greffiers, de substituts du procureur (oh oui !) et même de juges (ne pas les oublier !) qui avaient tringlé (c'est le mot !) de mignonnes petites jurées d'affaires criminelles – Dieu ! si jamais la presse s'emparait de cette histoire – mais la presse ne se montrait jamais dans les salles d'audience du Bronx.* » Pour ces jeunes femmes « *défoncées au crime dans le Bronx* », les magistrats les plus médiocres prennent des allures de héros… Aveuglées, elles ne voient plus les individus mais les fonctions.

Pour enfoncer encore un peu plus le pauvre Larry Kramer dans le ridicule, Tom Wolfe conclut le récit de sa stratégie de séduction d'une jolie jurée par une pirouette très drôle… Le dîner au restaurant, au cours duquel il a saoulé la jeune fille par le récit interminable de ses prouesses professionnelles, s'achève sur cette remarque assassine : « *En fait, elle était en train de penser à la manière dont se comportent les hommes à New York. À chaque fois que vous sortez avec un, il faut d'abord rester assise là à écouter deux ou trois heures de **Ma Carrière**.* » En réalité, le prestige du travail occupé par les hommes n'est pas forcément ce qui importe le plus aux yeux des femmes. Mais comme les hommes en sont tous convaincus, le travail devient, de fait, la porte d'accès aux relations amoureuses. En somme, dans la société new-yorkaise des années 80, le travail, c'est la vie.

Un gigantesque leurre

Ce constat donne beaucoup de force au rebondissement final du livre. Traîné dans la boue, humilié, déchu, le financier est d'abord anéanti par l'acharnement politico-médiatique qui détruit son existence. Cependant, il finit par comprendre que cette dernière n'était que mensonge, sur le plan professionnel comme sur le plan privé.

Ainsi, le directeur de sa banque, à qui il vouait une admiration sans borne, s'avère totalement indifférent à son sort. Lors du tête-à-tête au cours duquel le jeune homme, brisé, lui révèle qu'il est sur le point d'être arrêté, le grand chef n'a qu'une chose à l'esprit : réussir une nouvelle démonstration puérile de sa puissance en établissant devant lui un contact téléphonique par satellite avec la star à qui il a prêté son jet privé ! Tous les amis de Sherman McCoy l'abandonnent de la même façon, sa fille de six ans devenant elle aussi, par ricochet, une pestiférée. Cet absolu manque de compassion agit comme un révélateur : *« Jamais dans son existence il n'avait vu les choses, les choses de la vie quotidienne, aussi clairement. Et ses yeux les empoisonnaient toutes ! »*

Doué de cette nouvelle et tragique lucidité, le trader déchu découvre, entre autres, la fragilité de son père, soudain obligé de *« remettre l'armure du Protecteur sur son dos »*, autrement dit d'endosser de nouveau le rôle de l'homme fort qui abrite son enfant de la cruauté du monde – c'est un des passages les plus émouvants du roman.

Pour Sherman McCoy, ci-devant icône de la réussite, cette mise en pièce de son identité sociale équivaut à une mise à mort. *« Je suis déjà mort, ou du moins le Sherman McCoy de la famille McCoy, de Yale, Park Avenue et Wall Street est mort »*, confie-t-il à son avocat, grande gueule d'origine irlandaise, qui, malgré son cynisme, s'avérera plus touché par les épreuves de son client que sa propre caste.

Ce sentiment de mort sociale lui permettra paradoxalement de renaître. Sa rupture avec Wall Street lui procure en effet un sentiment de libération, et il trouve la force d'accepter sa situation nouvelle, celle d'un *« accusé normal »*, dont le territoire est désormais constitué du bureau de son avocat, du tribunal et de ses « cages », autrement dit les cellules. Le bûcher des vanités est celui des illusions : « *Si je pense que je suis au-dessus de tout ça, je ne fais que m'illusionner, et j'ai arrêté de m'illusionner.* »

LORSQUE LE MENSONGE REND MALADE

La Question humaine
FRANÇOIS EMMANUEL

Le narrateur de *La Question humaine*, psychologue dans le service ressources humaines d'une multinationale, se voit confier une mission étrange : évaluer discrètement la santé psychique du directeur allemand de la filiale française. Au fur et à mesure de son enquête, le psychologue prend conscience non seulement du grave déséquilibre mental de Mathias Jüst, mais aussi du fait que ce dernier est hanté par le passé de son père, et harcelé à ce sujet par un persécuteur anonyme. Ce « corbeau » affirme que le père de Mathias Jüst a été impliqué dans l'horrible machinerie de l'holocauste, et insinue que son fils lui-même, en tant que cadre supérieur chargé d'orchestrer la restructuration de l'entreprise, a agi d'une façon comparable.

Adapté au cinéma quelques années après sa parution, le roman de François Emmanuel, à la fois alambiqué et riche, a fait l'objet d'une polémique. Certains se sont en effet scandalisés d'un parallèle déplacé entre la gestion d'une grande entreprise et la « solution finale » nazie. Le malaise suscité par le rapprochement de ces deux sujets est compréhensible, mais en réalité, si on le lit attentivement, le roman n'établit pas de comparaison directe entre ces « systèmes ».

Le thème de l'holocauste montre d'abord à quel point la génération d'Allemands dont les parents ont été impliqués dans la barbarie nazie d'une façon ou d'une autre a pu en être perturbée. Il apporte aussi un éclairage tragique sur la façon dont le langage « technique » peut vider la réalité de toute substance et servir ainsi les causes les plus monstrueuses. En tant que cas « extrême », le phénomène du génocide peut ainsi nourrir la réflexion sur le lien entre langage et humanité – une réflexion dont l'entreprise ne devrait pas faire l'économie.

J'y avais qualité de psychologue, affecté au département dit des ressources humaines. Mon travail était de deux ordres : sélection du personnel et animation de séminaires destinés aux cadres de la firme. Je ne crois pas utile de m'étendre sur la nature de ces séminaires, ils étaient inspirés par cette nouvelle culture d'entreprise qui place la motivation des employés au cœur du dispositif de production. Les méthodes y usaient indifféremment du jeu de rôle, des acquis de la dynamique de groupe, voire d'anciennes techniques orientales où il s'agissait de pousser les hommes à dépasser leurs limites personnelles. Les métaphores guerrières y prenaient une grande part, nous vivions par définition dans un environnement hostile et j'avais pour tâche de réveiller chez les participants cette agressivité naturelle qui pût les rendre plus engagés, plus efficaces et donc, à terme, plus productifs. J'ai vu dans ces séminaires des hommes d'âge mûr pleurer comme des gamins, j'ai œuvré à ce qu'ils relèvent la tête et repartent à l'exercice, avec dans leurs yeux cette lueur de fausse victoire qui ressemble, je le sais maintenant, à la pire des détresses. J'ai assisté sans sourciller à des déballages brutaux, à des accès de violence folle. Il était dans mon rôle de canaliser ceux-ci vers le seul objectif qui m'était assigné : faire de ces cadres des soldats, des chevaliers d'entreprise, des subalternes compétitifs, afin que cette filiale de la SC Farb pût redevenir l'entreprise florissante qu'elle avait été autrefois.

[...]

Cet après-midi-là, j'eus un malaise au travail, le premier d'une série de malaises qui viendraient désormais ponctuer l'animation de mes séminaires et faire vaciller peu à peu la tranquille certitude qui avait fait de moi un technicien rigoureux et apprécié. J'éprouvais brusquement une impression de dédoublement, je me voyais hésiter sur des mots dont le sens m'était soudain étranger, le regard des participants accentuait mon trouble et l'angoisse montante produisait un accès de transpiration profuse, voire une sensation de manque d'air. Je me reprenais vaille que vaille, m'appuyant sur quelques subterfuges, et le reste de la séance se déroulait dans une tension de tous les instants où il me fallait surveiller la moindre de mes interventions. Je finis par redouter ces séminaires, prétextant le surcroît hypothétique du travail de sélection pour les ajourner, cherchant à retrouver confiance en me plongeant le soir dans des lectures scientifiques souvent ardues. J'étais traversé de doutes, j'avais l'impression que mon propre choix professionnel (ce choix qui faisait tant gloser les manuels de psychologie du travail) reposait sur un malentendu fondamental. Quel sens y avait-il en effet à motiver les gens pour un objet qui au fond les concernait si peu ?

© *La Question humaine*, François Emmanuel, Stock, 2000

En choisissant comme personnage principal un psychologue, fût-il du travail, François Emmanuel place au centre de son livre le thème du langage – outil de travail numéro un de cette profession. La prise de conscience progressive de Simon, au fur et à mesure de l'enquête secrète qu'on lui a confiée sur la santé mentale de son directeur général, concerne avant tout le langage. Peu à peu, ce dernier lui apparaît en effet comme un synonyme inexorable de mensonge. Mensonge délibéré et caractérisé lorsque les événements conduisent les uns et les autres à travestir la vérité pour mieux servir leurs intérêts, mensonge plus subtil mais non moins grave dans le discours officiel visant à motiver les salariés. Pour le narrateur, jusque-là employé exemplaire au sein du service des ressources humaines, cette prise de conscience s'accompagne d'une souffrance de plus en plus intolérable, jusqu'au point où la rupture avec l'entreprise sera son seul moyen de salut.

Une hypocrisie éhontée

Mû par la curiosité, le narrateur accepte, malgré sa répugnance, l'étrange mission que lui confie le directeur adjoint, Karl Rose. Conformément aux instructions de son commanditaire, il commence par contacter la secrétaire du directeur général, plaçant aussitôt son enquête sous le signe du mensonge le plus odieux. Pour obtenir les confidences de cette femme loyale et attachée à son patron – il apparaîtra ensuite qu'elle a été sa maîtresse – le psychologue n'hésite pas, en effet, à présenter sa démarche de façon mensongère. « *Comme je lui assurai que mon rôle était avant tout d'aider quiconque est dans la difficulté, et que mon éthique professionnelle garantissait la confidentialité de notre entretien, elle parut à deux doigts de baisser la garde.* » Le comble, c'est que cette manipulation déloyale se fait de façon naturelle et non préméditée, dans un environnement où chacun semble prêt à tout pour arriver à ses fins. Ce n'est qu'*a posteriori* que le narrateur prend conscience de cet odieux travestissement de la réalité : « *Je mesure aujourd'hui l'hypocrisie de cette profession de foi éthique.* »

Un autre exemple de mensonge odieux intervient un peu plus tard, lorsque celui-là même qui a demandé l'enquête secrète sur Mathias Jüst feint de s'inquiéter en apprenant son hospitalisation en psychopathologie. « *Karl Rose eut ce mot particulièrement hypocrite pour m'inviter à reprendre contact avec lui : "J'ai été très ébranlé par l'accident de M. Jüst. Les rares nouvelles que me donne son épouse sont par bonheur réconfortantes."* »

Aucune hésitation, aucun scrupule, aucune pudeur : François Emmanuel montre une entreprise dans laquelle le mensonge est devenu un mode de communication naturel, bien préférable à une vérité dérangeante.

La manipulation permanente du langage

Au-delà de ces mensonges individuels caractérisés, c'est toute l'entreprise qui ment de façon institutionnalisée dans son discours officiel. Ainsi, l'extrait présenté montre comment le narrateur a recours à une vaste gamme de techniques de manipulation lors des séminaires de motivation qu'il est chargé d'animer.

Jusqu'à l'enquête secrète qui fait tout basculer, Simon a accompli sa mission sans états d'âme, considérant que ces séminaires s'inscrivaient dans une culture d'entreprise dont il ne remettait pas en question la pertinence. Mais avec le recul, il prend conscience du caractère pervers de ces techniques d'animation, qui reposent sur un langage riche en « *métaphores guerrières* ». Les mots sont des outils de manipulation, d'embrigadement, de propagande, de lavage de cerveau. Du même coup, c'est toute cette culture d'entreprise fondée sur la motivation qui, elle aussi, est remise en question brutalement : « *Quel sens y avait-il en effet à motiver les gens pour un objet qui au fond les concernait si peu ?* »

Le langage au service de l'horreur

« *C'est ici que le récit va prendre une tout autre tournure.* » Le point de rupture de ce court roman est annoncé explicitement par le narrateur, à peu près aux deux tiers du livre. Déjà ébranlé par la mission malsaine qui lui a été confiée et par la détresse psychologique de Mathias Jüst, le narrateur reçoit un véritable choc en découvrant, dans les papiers personnels de ce dernier, la copie d'une circulaire officielle nazie, adressée au directeur général de façon anonyme. La circulaire en question, document authentique du 5 juin 1942, concerne des modifications techniques à apporter aux camions destinés à gazer les Juifs, pour en améliorer encore le fonctionnement « *exemplaire* ». Le décalage entre l'horreur absolue dont il est question et le détachement d'un langage technocratique, glacial et abstrait, en fait un document particulièrement terrifiant.

Outre la copie de cette circulaire, le psychologue retrouve, dans les papiers de Mathias Jüst, des montages dans lesquels sont entremêlés des extraits de ce document avec des bribes de notes de service récentes de l'entreprise – ces textes hybrides ont été adressés au directeur général par le même expéditeur anonyme. Peu après, le narrateur reçoit à son tour un montage analogue, constitué d'extraits de la même circulaire mêlés, cette fois, à des « *phrases très ordinaires tirées d'un manuel de psychologie du travail* ». Outré, Simon se rebelle contre ce procédé pervers, qui suggère un amalgame odieux entre la machinerie du génocide et sa contribution personnelle à la restructuration de l'entreprise : à ses yeux, il s'agit d'un « *miroir déformant et grossier* ». Néanmoins, cet envoi d'une grande violence l'entraîne malgré lui dans une réflexion sur le rôle du langage.

Le narrateur rencontre finalement l'auteur de ces envois anonymes, ancien employé licencié, à la personnalité gravement perturbée. L'homme lui assène sa théorie, selon laquelle le langage technique a contribué à déresponsabiliser les hommes impliqués dans le génocide, en faisant d'eux de simples rouages d'une machine dont la finalité ne les concernait pas. « *Si vous demandez à chacun ce qu'il fait, il vous répondra que tout se passe comme prévu, avec un peu de retard peut-être sur la planification, il vous répondra dans la langue morte, neutre et technique qui a fait de lui un camionneur, un convoyeur, un Unterfürher, un contremaître, un scientifique, un directeur technique, un Obersturmbannführer.* »

La démonstration peut paraître outrancière – le romancier a d'ailleurs l'habileté de prendre ses distances en l'attribuant à un personnage fragile, voire déséquilibré. Néanmoins, le message est clair : si l'on n'y prête pas garde, le jargon technique peut faire disparaître le sens et les responsabilités individuelles.

La montée inexorable de la souffrance

Entièrement construit sur « *la progression de sa terrible prise de conscience* », le roman montre bien la façon dont la remise en question du langage de l'entreprise s'accompagne, chez le narrateur, d'une souffrance de plus en plus intense.

Le premier choc, qui vient ébranler le confort psychologique de Simon, est le contact avec la personnalité malade de Mathias Jüst. Malgré la confusion des propos du directeur général, le psychologue pressent tout à coup que la « *question humaine* », pour reprendre l'expression martelée par un homme menacé de folie et hanté par le passé, ouvre des abîmes qu'il a préféré ignorer.

Pour l'employé zélé et jusque-là bien dans sa peau, c'est le début du doute : « *C'était la première fois que je ressentais une inhibition et même un dégoût pour mon travail, quelque chose comme la manifestation d'un profond scepticisme que je n'avais jamais voulu m'avouer.* » Cette violente prise de conscience l'empêche d'accomplir sa tâche : « *Par contamination, je ne parvins pas à finaliser un dossier de sélection pourtant assez routinier.* »

De fait, c'est le sens même de son travail qui s'effondre lorsque le psychologue réalise à quel point ses interventions sur la motivation sont factices et manipulatrices. Il revisite tout son passé professionnel à la lumière de cette prise de conscience, se rappelant le regard des participants de ses séminaires comme une « *lueur de fausse victoire qui ressemble, je le sais maintenant, à la pire des détresses* ».

Cet écart douloureux entre ce que vit Simon et ce qu'il croit illustre le fameux besoin de « congruence », définie par Carl Rogers de la façon suivante : « *Congruence est le terme que nous avons employé pour indiquer une correspondance exacte entre l'expérience et la prise de conscience. Ce terme peut aussi désigner d'une façon plus large l'accord de l'expérience, de la conscience et de la communication.*[1] » La souffrance de ceux qui ne se reconnaissent plus dans le langage qu'ils entendent, ou, pire, qu'ils sont obligés de diffuser eux-mêmes, est d'ailleurs au centre de nombreux romans contemporains sur l'entreprise.

Dans un tel contexte, le narrateur s'enfonce dans un mal-être de plus en plus intolérable. Comme on le voit dans la seconde partie de l'extrait présenté, il est désormais en proie à des crises d'angoisse et à des malaises physiques : c'est tout son corps qui refuse la mission qui est la sienne.

Le dénouement du livre confirme l'impossibilité pour Simon de trouver sa place dans ce monde de mensonges. La dernière page nous apprend qu'il s'est fait embaucher dans une maison pour enfants autistes, faisant ainsi le choix de travailler avec ceux qui « *ont perdu langue avec les hommes* » et qui « *ne laissent rien passer de nos ruses, de nos habiletés, de nos faiblesses* ».

Autrement dit, le seul moyen de fuir le mensonge est de fuir le langage – comment pourrait-il en être autrement puisque tout langage est mensonge ? La conclusion du narrateur est à l'image du roman, radicale, dérangeante, simplificatrice sans doute. Reste que ce livre apporte une contribution à la réflexion sur la façon dont la sacro-sainte « culture d'entreprise » peut s'apparenter à un lavage de cerveau. Un sujet central dans l'entreprise d'aujourd'hui.

1. Carl Rogers, *Le Développement de la personne*, Dunod, 1968, p. 238.

« UNE PAGE QU'ON TOURNE, MAIS NOUS, ON ÉTAIT SUR LA PAGE »

Daewoo

FRANÇOIS BON

En juin 2003, quelques mois après la fermeture des trois usines Daewoo de Lorraine, François Bon se rend sur place, accompagné du directeur du Centre dramatique national de Nancy, dans l'objectif de monter un spectacle théâtral sur cet événement. À mesure de ses rencontres avec les ouvrières licenciées, l'écrivain décide de compléter ce projet initial par un « roman », mot qui peut surprendre pour ce livre-enquête – qui comporte des extraits d'articles de presse et de rapports officiels. Dans le livre lui-même, François Bon explique ce terme par sa démarche d'écriture : *« Je notais à mesure, sur mon carnet, les phrases précises qui fixent une cadence, un vocabulaire, une manière en fait de tourner les choses. La conversation vous met d'emblée dans une perspective ouverte, tout ce qu'on suggère au bout des phrases, et qui devient muet si on se contente de transcrire. C'est cela qu'il faut reconstruire, seul, dans les mois qui suivent, écoutant une fois de plus la voix, se remémorant ce qu'on apercevait de la fenêtre, comme les noms et prénoms cités. »*

De fait, le livre se caractérise par une forme originale, qui entremêle dialogues de théâtre et réécriture des entretiens avec les ouvrières. Prenant comme fil conducteur la figure d'une jeune femme qui s'est suicidée, après avoir été l'une des plus impliquées dans la lutte, *Daewoo* montre les vies interrompues qui se cachent derrière le mot froid de délocalisation. Avec émotion et pudeur, le livre raconte la souffrance, la lutte et la dignité de ces femmes, dont l'avenir dans cette région économique sinistrée est bien compromis.

Géraldine Roux, toujours :

« Alors allons-y. Monsieur Aubert Jean-Pierre, auteur d'un rapport interministériel chargé des restructurations dans le secteur de la défense, voyez, c'est marqué là, je n'invente rien. Rapport commandé (donc payé, je suppose) par Lionel Jospin en 2000, et remis à Raffarin à l'automne 2002. Monsieur l'inspecteur général, ex-secrétaire fédéral CFDT, se la joue moderne : *il faut aussi revoir les conditions d'intervention des autorités publiques, pour éviter d'envoyer à chaque crise un pompier de service*. Vous mettrez des italiques, si vous en parlez dans votre livre : qu'on comprenne bien que c'est lui qui parle, et pas moi ?

« Je sais, ça fait sourire, les filles elles me le disent aussi : – Eh, Géraldine, on est assez grandes pour comprendre, on n'a pas besoin de tes commentaires.

« Le pompier dont il parle, c'est *nous* qu'il veut éteindre. Mais le feu, qui l'a mis ? C'est ce genre de choses que j'écrivais, le *nous* souligné, sur le panneau dans l'usine. Monsieur le délégué interministériel Aubert n'est pas resté inactif, ces gens-là sont fiers autant que nous de ce qu'ils font pour toucher leur paye (mais ce n'était pas la même paye, et nous c'est fini, on ne la touche plus) : mais les choses bougent. Pour la deuxième fois, cette année, nous avons réussi à monter un séminaire interministériel consacré aux restructurations, avec des représentants de l'Éducation, de l'Emploi, de l'Intérieur. Il a fallu près de cinq ans d'effort pour le mettre en place.

« Vous remarquez que je ne change pas un mot. Je vous lis, c'est tout. Monsieur Aubert est bien conscient de jouer les funambules : *si la conjoncture continue de se dégrader, la crispation sociale pourrait se généraliser. Il sera alors difficile de faire entendre le mot "mutation" là où on ne verra que des crises.*

« Ce n'est pas publié dans *L'Est républicain*, ce genre d'articles. Ce qui caractérise ces messieurs, c'est leur impression qu'ils parlent entre eux, et que nous on n'entendra jamais ce qu'ils racontent. Que dans la vallée de la Fensch personne ne lit le journal *Le Monde*. Ils parlent à leurs pairs : les ouvriers, s'imaginent-ils, un monde trop lointain. Alors on y va, entre gens polis, et désolés que les pauvres ouvriers soient trop cons pour les comprendre, excusez mon langage : *les salariés ont peu de moyens pour se réadapter à un monde du travail qui a changé. Dans le secteur de l'habillement, 80 % des salariés ont, au mieux, le niveau CAP. Un ouvrier licencié après trente ans de carrière perd tout.*

« Un ouvrier licencié *perd tout*, merci monsieur Aubert, c'est dit en bonne franchise. Mais qui donc les oriente sur le *niveau CAP*, les gamins d'aujourd'hui ? Et qui leur a fait chanter que les postes de télé, c'était leur avenir assuré ? »

© *Daewoo*, François Bon, Fayard, 2004

La démarche de François Bon est originale, qui consiste à transformer un fait d'actualité en œuvre littéraire à l'issue d'une longue enquête – d'autres écrivains l'ont fait, mais en s'inspirant de faits divers et non d'événements socio-économiques. Ainsi, et c'est bien l'un de ses objectifs, l'écrivain donne à l'histoire de la fermeture des trois usines lorraines une pérennité bien plus grande que celle des articles de presse. En leur consacrant deux cent quatre-vingt-dix pages, le romancier se donne également les moyens d'aborder avec profondeur et sensibilité la souffrance des femmes licenciées et leur lutte collective.

Le premier mérite du livre de François Bon est de lutter contre l'oubli rapide qui caractérise les événements socio-économiques, fussent-ils exceptionnels et tragiques. *Daewoo*, désormais, c'est une marque de voiture *et* un roman consacré aux ouvrières lorraines restées sur le carreau. Cette démarche « *contre l'effacement* » est d'autant plus importante que les faits, mis bout à bout, composent un véritable scandale.

À commencer par le tapis rouge et le déluge de subventions déployées par les pouvoirs publics afin de faire venir le groupe coréen en Lorraine. On pourrait éprouver une certaine indulgence à l'égard des autorités, prêtes à tout pour redynamiser une région sinistrée dans laquelle les investisseurs ne se bousculent pas. À ceci près que le groupe coréen et son dirigeant ont une odeur de plus en plus sulfureuse, ce qui ne tiédira pas leur soutien, au contraire. Kim Woo Chong est décoré de la Légion d'honneur puis naturalisé français en toute hâte lorsque les choses se gâtent pour lui dans son pays d'origine, et que son honnêteté est largement mise en cause ! À la fermeture des usines, on apprend aussi que l'employeur ne réglait ni taxes ni impôts ni cotisations sociales – l'indulgence de l'Urssaf étant pour le moins inhabituelle. Pourtant, l'entreprise a été loin de tenir ses promesses en termes d'emplois, n'ouvrant en fin de compte que trois sites, consacrés respectivement à la fabrication de fours à micro-ondes, la production de tubes cathodiques et le montage de téléviseurs – lors de son enquête, l'écrivain rencontre surtout des ouvrières de cette dernière usine, qui employait presque exclusivement des femmes.

« C'est ce que j'appelle l'angoisse d'être »

L'autre intérêt du livre, qui est aussi sa raison d'être, est de montrer « *la réalité immédiate* » dans laquelle « *ce qu'on a reçu par les images et les mots des journaux bute* ». En dépeignant la souffrance des ouvrières, le romancier leur redonne dignité et humanité. Le fait que ce ne soit pas une retranscription brute de leurs propos ne fait que leur donner plus de poids :

« *Non pas la peur, la peur c'est quand vous savez ce qui devant vous se rapproche. C'est plus diffus, l'angoisse. C'est quand on ne sait pas encore d'où vient la menace* ».

« *C'est beau, ce mot, inquiétude, il calme.* »

« *C'est ce que j'appelle l'angoisse d'être. Et si vous trouvez ça trop alambiqué pour une ouvrière, que voulez-vous que je vous dise.* »

« *Une page qu'on tourne, mais nous, on était sur la page.* »

En même temps, le romancier montre le courage de ces femmes et la façon dont leurs responsabilités quotidiennes les aident à tenir. « *Une femme, ça risque moins qu'un homme de se réfugier dans les bêtises. Continuer pour les gosses, faire ce qu'on doit du jour pour le lendemain : le cycle du linge, le cycle des commissions, la météo comment elle est.* »

Le livre met aussi en évidence un paradoxe : ce travail, dont la perte est si douloureuse, était pourtant exercé dans des conditions difficiles. Omniprésence de la surveillance (on apprend aux contremaîtres à mettre leurs mains derrière leur dos, pour s'approcher au plus près des ouvrières sans qu'on les accuse d'avoir les mains baladeuses !), salaires bas, transposition brute de slogans pour le moins décalés, tels que « *défi, sacrifice, créativité* »... Malgré tout, ce travail apportait un salaire, une vie sociale et un rempart contre l'angoisse. « *Non pas nostalgie de l'usine : nostalgie de ce qui te protégeait de l'angoisse.* »

Délocalisation : une histoire qui ne laisse pas de trace

Les ouvrières de Daewoo ne sont pas les seuls personnages du roman. Il y a aussi l'auteur lui-même, qui se met en scène, avec sa chambre d'hôtel tristounette, son petit enregistreur et ses états d'âme. Et puis, il y a le lieu, cette vallée de la Fensch marquée par un passé sidérurgique disparu. Le terme n'est pas tout à fait juste : si l'activité n'est plus, du moins a-t-elle laissé des marques dans le paysage. Le haut-fourneau d'Uckange est toujours là, et il est classé monument historique. Presque toute la Lorraine est ainsi marquée par son passé industriel, aussi bien dans les lieux que dans les têtes.

À l'inverse, les usines Daewoo, démontées méthodiquement, ne laisseront aucun signe, rien. Dans une interview à *L'Humanité*[1], François Bon raconte le choc ressenti lors de sa première visite dans l'usine, en découvrant la chaîne de production soigneusement emballée et étiquetée, en vue d'un déménagement en Turquie. « *Au lieu même de la violence essentielle, aucune mémoire : on déménage.* » Ce constat rend évidemment le « travail de mémoire » réalisé dans ce livre encore plus nécessaire.

Le récit d'une lutte

Récit d'une souffrance, le roman est aussi le livre d'une lutte, avec ses moments de partage, de bonheur et de solidarité. On trouve ainsi de très belles pages sur le feu entretenu devant l'usine, pendant la grève : « *Le feu, ça veut dire être ensemble, et la flamme qu'au-dedans on porte.* » De même, l'épisode de la fête organisée par les ouvrières la veille de la fermeture est très prenant.

Au-delà de l'émotion, le livre analyse la colère et la révolte de ces ouvrières, sur qui l'on ne se penche pas souvent. Contrairement à ce qu'une vision simpliste affirme parfois, ces femmes sont lucides.

---

1. Entretien avec Jean-Claude Lebrun, *L'Humanité*, 27 août 2004.

Jamais elles n'ont pensé garder leur emploi à vie : elles connaissent trop le monde d'aujourd'hui pour se montrer aussi naïves.

Si elles se révoltent, malgré tout, c'est à la fois contre l'absence d'autres perspectives et contre le mépris dont elles font l'objet. L'extrait présenté ici montre l'une des ouvrières décrypter avec colère les propos technocratiques d'un haut fonctionnaire spécialiste des restructurations. On comprend la souffrance de ces femmes en découvrant cette image caricaturale qui est donnée d'elles-mêmes. Du même coup, on en vient à comprendre leur basculement dans la violence. Rappelons que les ouvrières de Daewoo ont séquestré un cadre pendant quinze heures *« sans manger ni boire ni pisser »* ; elles ont également déversé un seau de purin sur la table et les jambes d'un député. *« À un moment donné, il y a besoin d'actes symboliques »*, explique une salariée, qui a subi une garde à vue. François Bon n'essaie pas de justifier ces actes mais de les analyser, montrant aussi les questionnements de celles qui participent à ces actions radicales. Sans oublier que ce combat perdu laisse une grande souffrance chez celles qui ont pris les manettes. La figure de Sylvia, jeune ouvrière qui finit par se suicider après avoir occupé le devant de la scène, est très forte.

Sans doute, on pourrait arguer que la fermeture des usines Daewoo est un cas extrême, du fait de l'aide publique massive et de la personnalité du dirigeant. On peut aussi faire valoir que l'auteur est un écrivain « engagé », qui met toutes ses convictions politiques dans sa démonstration. Il n'en reste pas moins que chaque délocalisation entraîne dans son sillage des souffrances humaines que le langage économique et technocratique échoue à refléter. Le livre de François Bon parvient, lui, à en rendre compte.

GROS PLAN SUR LE HARCÈLEMENT MORAL

Notre aimable clientèle
EMMANUELLE HEIDSIECK

Le roman d'Emmanuelle Heidsieck raconte la souffrance d'un employé des Assedic présent depuis vingt ans dans l'institution face à la transformation de son environnement de travail. Nouveau système informatique, nouveau vocabulaire, nouvelle culture : avec la mise en place du guichet unique et du PARE (Plan d'Accompagnement au Retour à l'Emploi), les Assedic de ce début du millénaire vivent, sous prétexte d'efficacité, une déshumanisation assez proche de ce que dépeint Thierry Beinstingel chez France Télécom, dans *Retour aux mots sauvages*. Autre point commun, il s'agit dans les deux cas d'organisations remettant en cause une forte tradition de service public. Plus virulent, caricatural parfois, *Notre aimable clientèle* a néanmoins le mérite d'aborder de front les questions de la morale au travail et de la souffrance engendrée par la perte de sens. Si le trait est appuyé, le propos n'en est pas moins juste – l'auteur a d'ailleurs rencontré des employés des Assedic avant d'écrire son roman. Surtout, le côté excessif de la critique rend cette satire très drôle… même si l'on rit souvent jaune.

> Mercier veut se débarrasser de moi, c'est sûr. Aucun doute. Depuis quelque temps, il est d'une agressivité. Ce matin, il m'a jeté ma dernière note à la figure, « Illisible, Locubovitz, illisible ». Chaque journée, un véritable supplice. La procédure n° 2, c'est évident. Il fait tout pour me faire craquer. Un arrêt maladie, une transaction au rabais. Je suis couvert de plaques d'eczéma. Comment ne pas somatiser ? Comment ? Quinze ans d'ancienneté, cela fait, non, si, 90 000 euros. Jamais ils ne voudront me licencier. Simplement me licencier, me verser mes indemnités et c'est réglé. Non, ils vont vouloir me faire craquer. Je ne tiendrai pas. Trop dur. Tout le monde me regarde, avec ces plaques rouges. Je suis exténué. Tout allait bien. Tout […]

était normal. Mon bureau est immense. Ensoleillé. Je ne peux pas dire que je suis surchargé. Je ne suis pas un DRH harassé, comme dans le privé. Jamais eu à exécuter un plan social, comme dans le privé. Que se passe-t-il ? Que m'est-il arrivé ? Je pouvais croire à une certaine complicité avec Mercier. Toutes ces années ensemble. Un proche collaborateur. J'ai été loyal, je n'ai pas tenté de le doubler. Pourtant j'y ai pensé. Du temps de Cavano, le prédécesseur de Martinez. Cavano voulait que je fasse sauter Mercier et me faisait miroiter la direction. Je n'ai pas bougé. C'est Cavano qui a giclé. Hier, la réunion hebdomadaire, un cauchemar. Mercier odieux. Toute la direction en réunion. Huit personnes qui assistent à mon exécution. Il me pose une question, n'écoute pas la réponse. Hooo, la tactique. Je l'ai utilisée mille fois. Tout pour me déstabiliser. Je connais, je connais. Le coup de me faire répéter trois fois une phrase quelconque, en tendant l'oreille, du genre « je n'ai pas entendu ». Trois fois il m'a fait répéter un propos insignifiant pour m'enfoncer, trois fois « le nouvel organigramme est à l'impression ». Ridiculisé. Et après, il a hurlé : « Il n'est pas déjà prêt ? » Et plus rien. Le silence. Tout le monde les yeux baissés, pas un souffle. Jamais je n'aurais imaginé, jamais je n'aurais cru qu'une telle mésaventure m'arriverait. Non, ça jamais. Impossible de dormir. Un demi-Lysanxia, petit comprimé bleu sécable. Attention à ne pas s'accoutumer. Je suis à bout.

© *Notre aimable clientèle*, Emmanuelle Heidsieck, Denoël, 2005

Le roman *Notre aimable clientèle* a pour cadre les Assedic, au moment où cette organisation ajoute à sa vocation première de versement des allocations chômage la prise en charge de l'inscription des demandeurs d'emploi. En cette période marquée par les tensions et par une « modernisation » à marche forcée, le harcèlement moral a pour nom de code « *procédure 2* ». La procédure 2, c'est ce qu'on met en route lorsque l'on veut se débarrasser d'un collaborateur sans avoir à payer les indemnités de licenciement – dans la maison, on est bien placé pour savoir ce que ça coûte.

Un harcèlement moral institutionnalisé

« *Il y a sûrement un moyen de le faire déraper, je veux sa démission avant l'été* », ordonne ainsi le numéro un des Assedic de Paris à son directeur des ressources humaines, au sujet d'un salarié dont le renvoi en bonne et due forme, après vingt ans d'ancienneté, coûterait décidément beaucoup trop cher.

Dans le climat de terreur qui accompagne la réforme, la persécution psychologique n'est pas l'apanage d'individus pervers mais bien une pratique généralisée. Imposer un contrôle inopiné à un collaborateur, l'empêcher de se rendre aux vœux de la direction, le muter à l'autre bout de la capitale, l'humilier en public, l'évincer des réunions : lorsqu'il s'agit de faire craquer un indésirable, la hiérarchie ne manque pas d'imagination. L'extrait présenté montre qu'on est face à un ensemble de techniques de déstabilisation parfaitement rodées – celle qui consiste à faire répéter trois fois une phrase insignifiante est d'un sadisme raffiné...

Ces manœuvres odieuses, et d'une redoutable efficacité, visent à atteindre les individus au plus profond d'eux-mêmes : il ne s'agit pas de critiquer le travail accompli mais bien la personne elle-même.

En cela, elles relèvent pleinement du harcèlement moral tel qu'il est défini par Marie-France Hirigoyen, psychiatre dont les ouvrages ont largement contribué à faire reconnaître ce fléau : « *Le harcèlement moral au travail se définit comme toute conduite abusive [geste, parole, comportement, attitude...] qui porte atteinte par sa répétition ou sa systématisation à la dignité ou à l'intégrité psychique ou physique d'une personne, mettant en péril l'emploi de celle-ci ou dégradant le climat de travail.*[1] »

Ces pratiques correspondent également à la définition du harcèlement moral figurant dans le Code du travail depuis janvier 2002. L'article L122-49, devenu L 1152-1, définit le harcèlement moral à travers les effets qu'il produit : « *Aucun salarié ne doit subir les agissements répétés de harcèlement moral qui ont pour objet ou pour effet une dégradation des conditions de travail susceptible de porter atteinte à ses droits et à sa dignité, d'altérer sa santé physique ou mentale ou de compromettre son avenir professionnel.* »

Pour reprendre une distinction établie par Marie-France Hirigoyen, la violence psychique décrite dans le roman d'Emmanuelle

---

1. Source : site www.mariefrance-hirigoyen.com

Heidsieck appartient plus précisément à la catégorie du harcèlement institutionnel – par opposition à celui qui repose uniquement sur les rapports individuels entre deux personnes. Une forme de violence qui fait penser à la situation subie il y a quelques années par certains salariés de France Télécom : il semble aujourd'hui que, faute de pouvoir licencier des fonctionnaires, l'ancienne direction ait parfois eu recours à des manœuvres délibérées de déstabilisation individuelle.

Pression, surveillance et mal-être

Outre cet acharnement ciblé, réservé à ceux qui figurent sur la liste noire, le livre montre que l'ensemble du personnel est soumis à une pression insupportable, qui prend notamment la forme d'un flicage permanent. Le nouveau système informatique permet en effet de suivre en direct tous les agissements des collaborateurs – pause-pipi compris. Qu'on l'identifie par le sigle barbare de GEA (gestion électronique de l'accueil) ou par le nom ironiquement poétique d'Aladin, qui transforme un personnage de conte en instrument de torture, la réalité de ce nouveau système est la même : une surveillance permanente, complétée, dans certains bureaux, par des caméras.

Dans cet univers orwellien, exagéré à dessein par la romancière, tous les aspects de l'organisation concourent à détruire les individus. Les entretiens d'évaluation nouvelle version n'ont plus qu'un objectif : augmenter encore la pression. « *Le supérieur vous fait asseoir et vous lit un détail chiffré, mois par mois, de votre travail selon trois critères enregistrés par Aladin : 1) temps de traitement, 2) nombre de dossiers traités, 3) taux d'erreur. Puis, si vos résultats sont mauvais, il vous demande de les expliquer et s'ils sont bons, il vous demande pourquoi ils ne sont pas meilleurs.* » À ce jeu-là, à tous les coups, on perd !

Comme si la pression de l'institution ne suffisait pas, le monde extérieur apporte aussi sa part de souffrance. Si le fait de recevoir des demandeurs d'emploi n'est pas foncièrement gai, cela devient insupportable quand le discours officiel institue un déni de leur situation. La consigne officielle de proscrire les termes « demandeur d'emploi » et « chômeur » pour les remplacer par celui de « client » (fait authentique) revient à ôter au métier tout caractère humain, alors même que les employés des Assedic prennent désormais la souffrance des « clients » en pleine figure. En effet, ce sont désormais eux qui sont chargés des entretiens d'inscription, un moment souvent douloureux pour lequel ils ne sont, bien sûr, nullement formés ! Efficacité et économie obligent : le but est dorénavant de voir les allocataires le moins souvent possible – une conception de l'accueil pour le moins paradoxale.

Le narrateur du livre, brave type qui n'a pas totalement renié sa jeunesse teintée d'antimilitarisme et de musique rock, ne s'habitue pas à cette approche glaciale et cynique. Pour lui, le métier trouvait son sens dans sa dimension sociale et humaine, du moins quand il avait le temps d'écouter les demandeurs d'emploi, d'essayer de les comprendre et de *« les aider à ne pas sombrer »*. Le livre montre bien la souffrance de ceux à qui l'on interdit officiellement de s'émouvoir de la souffrance des autres, alors que cette empathie était le sens même de leur travail. Le livre récent de Florence Aubenas, *Le Quai de Ouistreham*, montre que le mal-être des employés du service public de l'emploi n'a pas diminué après la fusion entre l'ANPE et les Assedic, bien au contraire : plus que jamais, les salariés de Pôle Emploi semblent écartelés entre leurs émotions et le système inhumain qu'on leur impose. On pense également à la souffrance bien connue des travailleurs sociaux, à qui l'on impose désormais de rendre des comptes et de « faire du chiffre » – tant pis pour eux s'ils n'étaient pas venus là pour ça.

Comment s'en étonner ? Ce cocktail de violence, de pression et de perte de sens se traduit par une hausse des arrêts maladie, une somatisation généralisée, et même l'internement en hôpital psychiatrique pour le narrateur.

Devant l'hécatombe, on ne peut éviter de se poser la question : à qui profite le crime ? À personne, serait-on tenté de répondre, tant on a du mal à imaginer qu'une organisation sorte indemne de la souffrance imposée à ceux qui la constituent. Un beau gâchis : voilà le sentiment qui domine à la fin du livre.

« JE ME SUICIDE À CAUSE DE MON TRAVAIL »

Retour aux mots sauvages

Thierry Beinstingel

Pour une présentation générale de l'œuvre, voir page 45.

Le chef va droit au but : il lui tend une page écran sur laquelle sont imprimées les coordonnées d'un client. L'opérateur Éric reconnaît celles du type à la drôle de voix métallique. Il paraît qu'il n'a jamais payé son abonnement et la bidouille logicielle pour maintenir son abonnement était une faute sans vérification préalable. Il a fallu rectifier, ce sont des manœuvres compliquées qui nous coûtent encore plus d'argent. Le chef dit cela d'une voix atone et ennuyée. Que répondre ? Tout est vrai. Mais c'est le faux qui a amené cette histoire. Comment l'expliquer ? Que l'opérateur Éric a pété les plombs, usurpateur d'un faux prénom, tributaire de conversations enchaînées à la suite comme autant de mirages auditifs, spectateur d'écrans virtuels qui s'effacent au fur et à mesure sans possibilité de les retenir, tout un monde faux, approximatif, apocryphe. Que toute cette dissimulation, hypocrisie, duplicité est provoquée par ces séries de dialogues improbables et normés, soumis à l'aléatoire d'un logiciel qui décide pour vous des mots à dire. Est ainsi tronquée la perception d'une vraie vie. Un peu comme si la boulangère tendait un hologramme de baguette à une voix synthétique dans une boutique qui n'existerait pas. Et que cela finit par vous taper sur le système à force de pas d'existence tangible, palpable, concrète, physique, matérielle, authentique, véritable, sûre, sincère, loyale, fidèle, convenable, apparente et manifeste. Dire tous ces adjectifs fait du bien. Il ne répond pas au chef, il hausse les épaules, ses mains blanches et rétrécies tiennent la feuille mal imprimée. Ses mains blanches, celles qui tenaient il n'y a pas si longtemps la réalité d'un tournevis, d'une pince, d'un wrappeur pour des gestes utiles, précis, visibles, perceptibles, ostensibles.

© *Retour aux mots sauvages*, Thierry Beinstingel, Fayard, 2010

Si Thierry Beinstingel, cadre chez France Télécom, a publié son roman *Retour aux mots sauvages* après le déferlement médiatique lié aux suicides dans cette entreprise, il avait commencé sa rédaction bien avant ces événements tragiques. Il est important de le préciser pour écarter toute suspicion d'intérêt « opportuniste » pour le sujet – alors même que l'auteur avait déjà écrit plusieurs ouvrages sur le monde du travail. Le roman appréhende le mal-être au travail sous deux facettes complémentaires : d'une part la difficulté des reconversions, abordée à travers le ressenti quotidien d'un électricien quinquagénaire devenu téléopérateur malgré lui, d'autre part le drame des suicides de salariés, évoqué avec pudeur et subtilité.

Le combat de la bouche contre la main

Formation tout au long de la vie, employabilité, adaptabilité : la gestion des ressources humaines du XXIe siècle n'en fait pas mystère, il faut évoluer avec l'environnement et ne pas s'accrocher *bêtement* à son métier d'origine. Même si ce nouveau mot d'ordre est effectivement lié à un environnement de plus en plus mouvant, il fait l'impasse sur la brutalité qui accompagne certaines reconversions, radicales et imposées.

Ainsi, le personnage principal de *Retour aux mots sauvage*s, électricien chez France Télécom depuis plus de vingt ans, est obligé d'abandonner son métier et se retrouve parachuté, un beau matin, dans un centre d'appels. Le nouveau métier qu'il se voit imposer ne correspond ni à son expérience ni à son envie. « *Parler n'a jamais été son fort. Lui, c'est le câblage et l'électricité depuis son apprentissage.* »

Dans sa nouvelle fonction, on lui demande de passer d'un monde de silence à un monde de paroles, et, plus difficile encore, d'oublier l'usage d'une partie de son corps pour en mettre au travail une autre : le nouveau téléopérateur fait partie des « *vieux qui doivent troquer la bouche contre la main* ».

La formule, qui revient à plusieurs reprises dans le livre, souligne que c'est bien une transformation du corps qui est en jeu – ce n'est pas rien. Dérouté, l'ancien travailleur manuel assiste ainsi à la métamorphose progressive de ses mains, qui témoignent, depuis des décennies, de ce qu'il fait et de ce qu'il est. « *Blanchâtres, inutiles, gélatineuses* », elles deviennent des corps étrangers, dont il craint « *qu'elles se transforment en choux-fleurs* ».

Passage douloureux du concret à l'abstrait

« *Ce n'est pas très concret* », répond pudiquement l'ancien électricien à sa femme, lorsque cette dernière l'interroge sur son nouveau travail. « *Mirage* », « *virtuel* », « *distance avec la "vraie vie"* » : les termes abondent pour souligner le caractère abstrait du travail de téléopérateur, par opposition au métier précédent. Le personnage principal ressent péniblement ce contraste lorsqu'il apporte sa voiture à réparer au garage, milieu de travail manuel où il retrouve ses repères. « *Ici on vit* », constate-t-il, à l'aise dans cet espace concret et bien délimité, où « *la matière commande* ».

Non seulement le travail commercial est abstrait, par nature, mais il est devenu tellement fractionné que les individus échouent à en comprendre le sens et la finalité. « *De nos jours le travail est tellement morcelé et distendu que tu ne sais même pas si au bout du compte le client aura satisfaction. – Alors, puisqu'on ne maîtrise plus les tenants et les aboutissants, à quoi bon parler boulot ?* »

À noter que cette perte de sens est perçue de façon plus aiguë par les anciens travailleurs manuels, ainsi que par les salariés les plus âgés. Selon l'auteur, ces derniers ont été habitués à un environnement plus humain, où régnait une forme de bonhomie. À l'inverse, les jeunes, habitués à la société de consommation et à l'omniprésence de la publicité, acceptent plus facilement ce travail abscons et insaisissable : « *Pour eux, c'est plus facile de vendre n'importe quoi à n'importe qui.* »

Toute une expérience passée par pertes et profits

Un autre aspect extrêmement violent de la reconversion réside dans la façon dont elle fait l'impasse sur des années d'expérience. L'électricien quinquagénaire doit repartir de zéro, exactement comme un débutant, tout son savoir-faire étant désormais nul et non avenu. Au point qu'il disparaît : « *Les milliers de mouvements qu'il avait accomplis depuis le lycée professionnel avaient brutalement quitté sa mémoire.* »

Ce mépris pour les anciens est devenu la norme dans l'entreprise, même quand cette dernière les autorise à poursuivre leur métier. Lorsque le personnage principal rencontre un ancien collègue, toujours électricien, il constate que son sort n'est pas meilleur. « *Avec la réorganisation, tout avait été remanié et ceux comme lui, qui avaient acquis quelques titres de noblesse en intervenant sur les opérations délicates et les clients importants, avaient récupéré des tâches moins glorieuses. Un retour de vingt-trois ans en arrière, explique-t-il. Toute la formation aux techniques les plus pointues balayée d'un coup, devenue inutile.* »

Cette absence de reconnaissance porte non seulement sur le savoir-faire, mais aussi sur la loyauté et l'engagement personnel des salariés. « *Depuis vingt-cinq ans, c'était les mêmes têtes avec qui on bossait, jamais un problème, rarement de malades, et pourtant les articulations vieillissaient mais l'engagement restait le même, merde : ils pourraient avoir un peu de considération.* »

Au total, l'image qui se dessine est celle d'une entreprise sans respect, qui n'hésite pas à mettre ses anciens au rebut comme de vieux objets sans valeur.

La tragédie des suicides

« *Je me suicide à cause de mon travail à France Télécom. C'est la seule cause.* » Ces phrases d'une grande violence ont réellement été écrites par un salarié de cinquante et un ans qui a mis fin à ses jours le 14 juillet 2009 à Marseille, dans une lettre adressée à sa famille.

À l'époque, la direction de France Télécom n'a pas souhaité commenter la lettre, soulignant simplement que « *l'important, c'est d'essayer de comprendre ce qui s'est passé* », et que « *les causes d'un suicide sont toujours multiples* ». De fait, on voit mal comment l'entreprise aurait pu réagir autrement que par ces propos généraux, mesurés et prudents.

Tout en conservant une certaine pudeur et une certaine retenue, le romancier, lui, souligne le caractère implacable de cette déclaration : « *Je me suicide à cause de mon travail. À cause de. Origine, fondement, motif. Retour brutal aux mots sauvages.* »

Un peu plus loin, apprenant qu'une autre salariée s'est défenestrée devant ses collègues, le personnage principal se pose la question inévitable : « *Comment en est-on arrivé là ?* »

S'il préfère s'interroger plutôt que d'asséner des explications péremptoires à des actes dont nul ne détiendra jamais tout à fait la cause, Thierry Beinstingel se fait plus affirmatif lorsqu'il aborde la responsabilité de ceux qui ont un comportement indéfendable envers leurs collègues et leurs subordonnés. « *Que personne ne vienne dire qu'il ne savait pas ce qu'il faisait en utilisant envers autrui l'irrespect, la grossièreté, l'insolence, les mauvais sentiments, que ce soit de sa propre initiative ou caché derrière le troupeau de moutons d'une organisation ou d'une entreprise.* »

Reste que ces tragédies abondamment médiatisées plongent dans le désarroi des salariés qui ne se reconnaissent pas dans l'image de victimes donnée d'eux au journal de vingt heures. Entre autres parce que la pénibilité de leur travail est aussi abstraite et insaisissable que le travail lui-même. D'un certain point de vue, les salariés considèrent donc qu'ils ne sont pas à plaindre, d'autant que les conditions de travail matérielles sont correctes. « *Ça fait vraiment drôle* », répète inlassablement Maryse, l'une des téléopératrices. Son malaise ne fera que s'aggraver : « *C'est la honte* », dira-t-elle ensuite.

Le personnage principal se retrouve lui-même dans une impasse douloureuse lorsque les délégués syndicaux organisent une minute de silence à la mémoire de ceux qui se sont suicidés. Tenté d'y participer, il décide finalement de suivre ses collègues, qui y renoncent pour éviter une trop longue queue à la cantine... Il se reprochera cette décision lâche, prise par peur de créer des tensions. Redoutant de mettre en péril le petit îlot de chaleur humaine qu'il trouve au sein de son équipe, il a préféré se montrer solidaire avec les vivants plutôt qu'avec les morts.

La machine est impuissante à trouver des remèdes

Volonté sincère de trouver des solutions ou simple désir de ne plus se laisser déborder par les médias, l'entreprise se décide finalement à reprendre l'initiative. Elle met en place un questionnaire pour évaluer les conditions de travail et « *révéler la souffrance si elle existe* ». En parallèle, des réunions sont organisées afin que chacun puisse s'exprimer sur la « situation »... Au cours de ces dernières, l'entreprise prend soin de séparer les cadres et les non-cadres, montrant ainsi une incompréhension totale de la situation qu'elle prétend traiter. Les consignes officielles de se montrer « *affable, amène, courtois* » ne répareront pas cette marque de mépris. Ces graves maladresses s'ajoutent aux pseudo-solutions les plus grotesques pour créer de la convivialité, comme de faire danser la lambada dans le but de « *renforcer la cohésion de l'équipe* »...

« *Placer l'humain au centre* » : la phrase prend sens lorsque le personnage principal noue une relation d'amitié avec un client, défiant ainsi un système glacial, standardisé et factice pour y recréer des émotions vraies, de la vie, en somme. En revanche, elle sonne désespérément creux lorsqu'il s'agit d'un mot d'ordre officiel : naïveté pathétique de croire que les sentiments peuvent se décréter.

Chapitre 4

PETITES MAGOUILLES ET GRANDES LÂCHETÉS : Y A-T-IL UNE PLACE POUR LES « PURS » ?

Responsabilité sociale des entreprises, commerce équitable, diversité, développement durable, gouvernance : toutes ces thématiques d'actualité placent l'éthique de l'entreprise au cœur des débats, et l'on ne peut que s'en réjouir – d'autant que les effets de communication et d'affichage semblent laisser place, peu à peu, à une réflexion de fond.

Bien des années avant l'apparition de tous ces termes, Émile Zola et Jules Romains se sont penchés sur la question de la morale dans le monde des affaires. Les deux écrivains montrent avec un humour cinglant la façon dont les chefs d'entreprise s'accommodent avec leur conscience (quand ils en ont une !) dès que leur intérêt est en jeu. La description de leurs pratiques plus ou moins condamnables est passionnante dans les deux cas, même si les partis pris sont différents : le personnage principal de *L'Argent* est l'incarnation même de l'immoralité et du cynisme, alors que l'entrepreneur des *Hommes de bonne volonté* est beaucoup plus nuancé.

La question de l'éthique, ou, si l'on trouve le terme trop grandiloquent, du code de conduite, se pose aussi en termes individuels à l'ensemble des salariés. C'est vrai en période de crise, lorsque les tensions et les angoisses placent chacun dans une position défensive, voire paranoïaque, qui réveille les lâchetés et les égoïsmes individuels. C'est vrai aussi dans la vie quotidienne du bureau, qui donne de multiples occasions de déraper.

Peur, pression du groupe, endoctrinement, inertie, cupidité, carriérisme : les raisons d'adopter un comportement immoral sont diverses, de même que la gravité des fautes varie. L'excellent roman américain *Open Space* donne des exemples concrets de ces dérives de tous les jours, que chacun jugera plus ou moins anodines selon ses propres valeurs... Un bon moyen de se mettre en situation et de réfléchir à ses propres limites.

GOUVERNANCE, VOUS AVEZ DIT GOUVERNANCE ?

L'Argent
ÉMILE ZOLA

Dix-huitième volume de la série des Rougon-Macquart, *L'Argent* met en scène le milieu de la Bourse, un univers à part, avec un décor, un langage et des corporations qui lui sont propres. Un univers, surtout, dans lequel l'argent est non seulement la base des transactions, mais aussi un moyen d'ascension rapide, une obsession, une folie – le roman comporte de multiples analogies avec le jeu.

Inspiré de faits réels, et notamment de la faillite de l'Union générale en 1882, le roman de Zola raconte l'aventure éphémère de la Banque universelle, depuis sa création jusqu'à son effondrement retentissant, en passant par une phase d'hystérie boursière orchestrée par son créateur.

Aristide Saccard est un personnage fascinant, qui engage dans cette folle aventure sa soif de revanche, sa passion, son amoralité et sa démesure – sa banque est censée financer la création de mines, de voies de chemins de fer et d'une compagnie maritime au Moyen-Orient. Distance entre économie « réelle » et univers boursier, dangerosité des bulles financières, opacité des mécanismes financiers, absence de gouvernance : le roman aborde de multiples thèmes au cœur de l'actualité. Au-delà de la description sociologique extrêmement précise et documentée qui caractérise toute l'œuvre de Zola, on y trouve une réflexion profonde sur le rôle de l'argent dans la société et dans la vie de chacun.

Saccard avait achevé de mettre la main sur tous les membres du conseil, en les achetant simplement, pour la plupart. Grâce à lui, le marquis de Bohain, compromis dans une histoire de pot-de-vin frisant l'escroquerie, pris la main au fond du sac, avait pu étouffer le scandale, en désintéressant la compagnie volée ; et il était devenu ainsi son humble créature, sans cesser de porter haut la tête, fleur de noblesse, le plus bel ornement du conseil. Huret, de même, depuis que Rougon l'avait chassé, après le vol de la dépêche annonçant la cession de la Vénétie, s'était donné tout entier à la fortune de l'Universelle, la représentant au Corps législatif, pêchant pour elle dans les eaux fangeuses de la politique, gardant la plus grosse part de ses effrontés maquignonnages, qui pouvaient, un beau matin, le jeter à Mazas. Et le vicomte de Robin-Chagot, le vice-président, touchait cent mille francs de prime secrète pour donner sans examen les signatures, pendant les longues absences d'Hamelin ; et le banquier Kolb se faisait également payer sa complaisance passive, en utilisant à l'étranger la puissance de la maison, qu'il allait jusqu'à compromettre, dans ses arbitrages ; et Sédille lui-même, le marchand de soie, ébranlé à la suite d'une liquidation terrible, s'était fait prêter une grosse somme, qu'il n'avait pu rendre. Seul, Daigremont gardait son indépendance absolue vis-à-vis de Saccard ; ce qui inquiétait ce dernier, parfois, bien que l'aimable homme restât charmant, l'invitant à ses fêtes, signant tout lui aussi sans observation, avec sa bonne grâce de Parisien sceptique qui trouve que tout va bien, tant qu'il gagne.

Ce jour-là, malgré l'importance exceptionnelle de la séance, le conseil fut d'ailleurs mené aussi rondement que les autres jours. C'était devenu une affaire d'habitude : on ne travaillait réellement qu'aux petites réunions du 15, et les grandes réunions de la fin du mois sanctionnaient simplement les résolutions, en grand apparat. L'indifférence était telle chez les administrateurs, que, les procès-verbaux menaçant d'être toujours les mêmes, d'une constante banalité dans l'approbation générale, il avait fallu prêter à des membres des scrupules, des observations, toute une discussion imaginaire, qu'aucun ne s'étonnait d'entendre lire, à la séance suivante, et qu'on signait, sans rire.

© *L'Argent*, Émile Zola, Le Livre de Poche, 1998

Scandales à répétition du monde bancaire, impuissance criante des systèmes de contrôle privés et institutionnels, impact désastreux de certains produits boursiers spéculatifs, revenus indécents des traders : le monde financier de ces dernières années a souvent fait la une des journaux, révélant à chaque fois une nouvelle facette de son iniquité. L'image qui en ressort est celle d'un avion sans pilote, ou d'un château de cartes prêt à s'effondrer au premier courant d'air.

Situé dans la France du Second Empire, le roman de Zola consacré à la Bourse permet de faire un pas de côté passionnant pour comprendre les faiblesses de cet univers bien particulier. Grâce au travail de documentation réalisé par le romancier, *L'Argent* offre, en effet, au lecteur une analyse des mécanismes boursiers, qui, dans ses grandes lignes, reste d'actualité. Au-delà de cet aspect relativement technique, le roman propose une réflexion sur la disparition de la moralité liée à l'obsession de l'argent, trait qui caractérise aussi bien le personnage principal du roman que le monde boursier en général.

Un homme sans morale

« Voyez-vous, papa est incorrigible, parce qu'il n'a pas de sens moral. » La formule utilisée par son fils Maxime pour dépeindre Aristide Saccard a le mérite d'être claire : c'est court, tranchant et sans appel, comme un diagnostic médical. De fait, le personnage, qui apparaît déjà dans *La Fortune des Rougon* et *La Curée*, se distingue par une absence totale de sens du bien et du mal. Il en a fait la preuve lors d'épisodes sordides de son existence, violant une jeune fille, épousant sa deuxième femme pour sa fortune, puis laissant le fils de son premier mariage devenir l'amant de cette dernière dans la plus grande indifférence. Opportuniste, cupide et dévoré d'ambition, il se voit doté, dans *L'Argent*, de qualificatifs peu flatteurs : *« corsaire sans scrupules »*, *« coupeur de bourse »*, *« canaille »*.

Si la chose est annoncée d'emblée, au tout début du livre, c'est dans la dernière partie, après l'effondrement de la Banque universelle dont il est le fondateur, que Saccard paraît le plus odieux. Certes, le romancier le montre en proie à un bref malaise lorsqu'il croise l'une de ses victimes, livide et décomposée, qui personnifie toutes les autres. Mais ce moment de faiblesse ne durera pas. On apprend que l'aventurier, dès sa sortie de prison, se lance dans une nouvelle *« affaire colossale »* de dessèchement de marais en Hollande : il n'aura pas été ému longtemps par le malheur qu'il a semé autour de lui. Suicide, mariage devenu impossible, misère : les petits actionnaires ont misé dans l'aventure non seulement leurs économies, mais aussi leur existence entière, à l'image de la comtesse de Beauvilliers, qui a vu en lui « *le dieu qui allait relever leur antique maison* ». La chute sera à la hauteur de ce fol espoir. Contrairement à Saccard, eux ne s'en relèveront pas.

Un milieu sans morale

L'absence de morale est aussi un état d'esprit collectif qui caractérise le monde boursier dans son ensemble. Celui-ci repose en effet sur la spéculation, autrement dit le jeu. Saccard l'explique sans ambages à son amie Mme Caroline : « *Comprenez donc que la spéculation, le jeu est le rouage central, le cœur même dans une vaste affaire comme la nôtre.* » Et, un peu plus loin : « *Enfin, vous partez en guerre contre le jeu, contre le jeu, Seigneur ! qui est l'âme même, le foyer, la flamme de cette géante mécanique que je rêve !* »

De fait, la Bourse propose des gains autrement plus rapides que l'économie réelle, et c'est bien ce qui conduit le fabricant de soie lyonnais Sédille à se désintéresser peu à peu de son affaire pour lui préférer cet argent facile : « *À cette fièvre, le pis est qu'on se dégoûte du gain légitime.* » L'opposition entre les industriels, qui construisent, et les boursiers, qui profitent, est on ne peut plus nette.

Pire, le romancier n'hésite pas à décrire la Bourse comme un système de délinquance organisée. Il le dit clairement au sujet du prince d'Orviedo, qui a construit sa fortune dans cette fange. « *[Sa femme] ignorait les singulières histoires qui couraient sur le prince, les origines de sa royale fortune évaluée à trois cents millions, toute une vie de vols effroyables, non plus au coin des bois, à main armée, comme les nobles aventuriers de jadis, mais en correct bandit moderne, au clair soleil de la Bourse, dans la poche du pauvre monde crédule, parmi les effondrements et la mort. Là-bas en Espagne, ici en France, le prince s'était, pendant vingt années, fait sa part du lion dans toutes les grandes canailleries restées légendaires.* » Les spéculateurs sont non seulement des voleurs, mais des assassins : Zola n'a pas l'habitude de faire dans la nuance !

Le développement de cet univers sans foi ni loi est facilité par une atmosphère de surchauffe liée à la prospérité économique du Second Empire, terreau idéal pour l'emballement spéculatif.

Copinage, prête-nom et compagnie

Le socle même de la Banque universelle créée par Saccard est le copinage. C'est grâce à un réseau d'influence, avec ses recommandations, renvois d'ascenseurs et connivences, qu'un Saccard pourtant ruiné constitue en une seule journée son « *syndicat* » d'actionnaires fondateurs, autrement dit le tour de table initial. La visite chez le marquis de Bohain est particulièrement édifiante : « *Ah ! Vous avez Daigremont là-dedans... Bon ! Bon ! Si Daigremont en est, j'en suis. Comptez sur moi.* » Et, quelques lignes plus loin : « *Je vous en prie, n'ajoutez pas un mot... Je ne veux pas savoir. Vous avez besoin de mon nom, je vous le prête, et j'en suis très heureux, voilà tout... Dites seulement à Daigremont qu'il arrange cela comme il lui plaira.* » Dans un tel contexte, il serait bien inutile de s'encombrer avec un plan d'affaires !

C'est avec la même facilité que Saccard trouve un prête-nom disposé à signer aveuglément tout ce qu'on lui présentera. Le complice se prête au jeu sans même négocier de contrepartie financière directe : il tient désormais l'autre à sa merci et le jour viendra forcément où il en tirera bénéfice. « *Il ne soulevait même pas la question des paiements, sachant que cela est sans prix, lorsqu'on rend de pareils services.* »

Ce système de complicités et d'échanges de services s'étend au monde politique. Saccard juge scandaleux que son frère, député, refuse de lui livrer des informations confidentielles : « *Mais est-ce qu'il m'a jamais averti, la veille d'une hausse ou d'une baisse, lui qui est si bien placé pour tout savoir ? Souvenez-vous ! Vingt fois je vous ai chargé de le sonder, vous qui le voyez tous les jours, et vous en êtes encore à m'apporter un vrai renseignement utile... Ce ne serait pourtant pas si grave, un simple mot que vous me répéteriez.* »

Tout cela fait écho de façon frappante à la situation contemporaine, en particulier à la tradition française toujours vivace des participations croisées aux conseils d'administration, et le manque d'indépendance évident qui en découle. C'est bien pour y remédier qu'une proposition de loi a été récemment déposée pour plafonner à trois le nombre de mandats sociaux dans les sociétés cotées.

La complexité des opérations de bourse facilite les magouilles

La complexité technique de l'univers boursier joue également un rôle décisif dans la mise en œuvre de pratiques frauduleuses – remarque qui, elle aussi, s'applique parfaitement au contexte actuel. Pour les professionnels, c'est une aubaine : le grand public, qui n'y comprend rien, est facile à duper. « *Et, de leur prodigalité, de tout cet argent qu'ils jetaient de la sorte en vacarme, aux quatre coins du ciel, se dégageait surtout leur dédain immense du public, le mépris de leur intelligence d'hommes d'affaires pour la noire ignorance du troupeau, prêt à croire tous les contes, tellement fermé aux opérations compliquées de la Bourse, que les raccrochages les plus éhontés allumaient les passants et faisaient pleuvoir les millions.* »

Mieux encore, cette opacité permet d'échapper aux systèmes de contrôle, avec presque la même facilité. Les « *commissaires-censeurs* », censés assurer le contrôle des opérations, sont vite dépassés, comme on le voit lors d'une assemblée générale de la banque. « *Puis, [Lavignière, réélu commissaire-censeur] établissait sous un déluge de chiffres, que la somme de trente-six millions, donnée comme total approximatif des bénéfices de l'exercice courant, loin de lui paraître exagérée, se trouvait au-dessous des plus modestes espérances. Sans doute, il était de bonne foi, et il devait avoir examiné consciencieusement les pièces soumises à son contrôle ; mais rien n'est plus illusoire, car, pour étudier à fond une comptabilité, il faut en refaire une autre, entièrement.* » Pour couronner le tout, les hommes qui ont été choisis pour occuper cette fonction de contrôle « *délicate autant qu'inutile* » (!) n'ont aucune indépendance. Le premier est complètement inféodé au second, qui ne rêve que d'entrer au conseil d'administration... Voilà ce qu'on peut appeler du conflit d'intérêt !

Manipulation systématique de l'opinion publique

Victime facile du fait de son ignorance et de sa cupidité, l'opinion publique est l'objet d'une manipulation permanente, au cœur de l'éphémère succès de la Banque universelle.

Premier volet de cette manipulation, la spéculation orchestrée par Saccard, pour faire croire au miracle et lancer le mouvement à la hausse. Toujours clairvoyante, Mme Caroline décrypte admirablement le phénomène : « *Même ignorante de la technique des opérations de banque, elle comprenait parfaitement les raisons de ce surmenage, de cet enfièvrement, destiné à griser la foule, à l'entraîner dans cette épidémique folie de la danse des millions. Chaque matin devait apporter sa hausse, il fallait faire croire toujours à plus de succès, à des guichets monumentaux, des guichets enchantés qui absorbaient des rivières, pour rendre des fleuves, des océans d'or.* »

Cette façon d'abuser de la crédulité générale, on la retrouve de façon identique dans le scandale Madoff, où des milliers de naïfs... et des institutions financières reconnues ont gobé la possibilité de rendements de 10 % à long terme, contre toute raison.

La manipulation s'appuie aussi sur la presse, qui, peu à peu, devient entièrement inféodée à l'Universelle et joue un rôle central dans la tromperie du grand public. Appuyé par l'ignoble Jantrou, Saccard avance ses pions l'un après l'autre. D'abord le rachat de *L'Espérance*, journal catholique en difficulté, qui soutient le lancement tout en exprimant des opinions politiques agréables à son frère député, afin de gagner son appui. Ensuite, la conquête de multiples petites feuilles financières, qui glissent peu à peu de l'information vers la réclame, jouant sur la crédulité des abonnés. Enfin, Saccard peut réaliser « *son grand coup : l'achat de* La Cote *financière, ce vieux journal solide, qui avait derrière lui une honnêteté impeccable de douze ans* ». Dans son cynisme, Saccard n'a jamais douté qu'il parviendrait à ses fins dès qu'il aurait assez d'argent : « *Ça menaçait d'être très cher, une probité pareille.* » Ayant la main sur toutes ces publications, l'Universelle peut faire chanter ses louanges sur tous les tons, quitte à inventer des faits divers rocambolesques pour frapper les imaginations. La machinerie est implacable : « *Une façon lente de s'emparer du public et de l'étrangler correctement.* »

Les règles ne sont là que pour être bafouées

Constitution de la société, conseils d'administration, assemblées générales, augmentations de capital : les multiples événements juridiques qui ponctuent le roman sont autant de mascarades. Dès le montage de l'Universelle, qui bafoue la loi sur l'obligation de libérer le capital, le ton est donné. La réglementation est une chose dont on se moque, et qui impose juste un formalisme bidon. Aussi Saccard s'emporte-t-il contre Mme Caroline, qui a eu la sottise de se plonger dans le Code, comme s'il méritait d'être pris au sérieux ! À ses yeux, se préoccuper de la loi dénote une mesquinerie inacceptable.

De la même façon, les instances censées assurer la gouvernance de la banque sont une plaisanterie. Le passage en revue des différents membres du conseil d'administration montre que leur unique préoccupation est l'enrichissement personnel : « *Autour d'eux, les deux autres administrateurs, la bande, écoutaient, tâchaient de saisir un renseignement, ou bien s'entretenaient aussi de leurs occupations personnelles, n'étant là que pour faire nombre et pour ramasser leur part, les jours de butin.* » Vu leur sens moral limité, Saccard n'aura aucun mal à les acheter l'un après l'autre, en leur versant des pots-de-vin ou en étouffant des scandales. Le pire est qu'ils s'en sortiront bien : alors que la faillite de l'Universelle sèmera ruine et désolation chez les petits actionnaires, eux soutireront de l'opération un joli pactole.

Avec cette belle équipe, les assemblées générales ne sont que des comédies, parfaitement orchestrées. Pour anticiper sur d'éventuelles objections, Saccard va jusqu'à organiser un incident de séance bidon, avec la complicité d'un participant...

Capital augmenté illégalement, souscriptions et versements non effectués, distribution de dividendes fictifs, achat par la société de ses propres actions : la liste des délits est longue et entraînera Saccard en prison. Pour autant, l'histoire est loin d'être morale. Car ceux qui paient le prix le plus cher de cette folie sont les victimes et non les coupables.

« *NOUS SOMMES TOUS DES SERIAL KILLERS* »

Notre aimable clientèle
EMMANUELLE HEIDSIECK

Pour une présentation générale de l'œuvre, voir page 89.

La Grendière : « Et vous comptez remplacer Martinez par qui, à la direction réseau ? »

Marty-Terouard : « Je ne sais pas encore. Je voudrais du sang neuf. »

La Grendière : « Vous savez qu'il est très compétent. On ne trouve pas tous les deux jours des HEC qui mettent l'Unedic dans leur plan de carrière. »

Marty-Terouard : « Cette discussion est prématurée. Je le garde pour gérer l'affaire du 20 décembre. Un an, dix-huit mois. Et puis, je vous en prie, ne le défendez pas. En acceptant de devenir directeur général adjoint, vous lui avez marché dessus, vous l'avez écrabouillé. Alors, pas d'hypocrisie La Grendière. Vous êtes comme nous tous, un serial killer. Ah. Je vous choque ? Quoi ? Qu'avez-vous ? Bon, j'ai à faire, et arrêtez donc de me regarder comme ça. Je vais vous mettre dans la liste des gens à coacher. Vous savez que j'ai décidé d'offrir à tous nos cadres dirigeants un coach jungien ? Ah. Vous en avez besoin pour retomber droit dans vos bottes. Ce n'est pas du management humaniste, un coaching jungien ? Ah. J'ai hésité avec la PNL, très à la mode en ce moment, la Programmation neurolinguistique. Mais, j'ai été convaincu que la méthode MBTI, issue des travaux de Jung, était plus subtile. MBTI, Inventaire typologique de Myers et Briggs, vous ne connaissez pas ? Tiens, je vous […]

vois bien INFJ, intuition introvertie avec sentiment extraverti. Je l'offre à 280 cadres. Arrêtez donc de me détester. J'ai quelques bons côtés. Allons. Vous savez à quel point vous faites de moi ce que vous voulez. Vous avez du talent. À plus tard La Grendière. »

© *Notre aimable clientèle*, Emmanuelle Heidsieck, Denoël, 2005

Terreur et manipulation : telles sont les deux mamelles du management d'équipe selon Alain Marty-Terouard, le président de l'Unedic mis en scène dans le roman. Pour tout dire, avec son nom à rallonge et son cigare, notre personnage frôle parfois le cliché. N'empêche : la description de cet homme pétri de cynisme qui considère ses collaborateurs comme autant de pantins est drôle, et malheureusement assez crédible. On le voit ainsi mener en bateau les syndicats lors de la fête de fin d'année annuelle, en détournant toute leur animosité sur un sketch théâtral vexatoire, au cours duquel les employés sont singés. Résultat de la manœuvre : tout à leur juste colère, les syndicats oublient de s'insurger contre la teneur du discours et les réformes présentées. Bien pensé ! « *Nous sommes une banque, oui, une banque* », assène le Président en toute impunité, au milieu d'un discours aux relents néolibéraux... par ailleurs remarquablement creux.

De façon plus puérile mais non moins odieuse, on voit le Président s'adonner au restaurant à des petites manœuvres sadiques sur ses proches collaborateurs, leur imposant leur menu et les terrorisant. Le tableau de ce despote entouré de courtisans veules sonne, hélas, assez juste. Dans une autre scène, encore plus grinçante, on voit le chef livrer en pâture l'un des collaborateurs présents, dans le seul but que chacun donne le pire de lui-même... Cette réunion, au cours de laquelle on voit chaque participant ajuster sa position en fonction de ce qu'il pense qu'on attend de lui, est un morceau de bravoure. La dissection de toute cette bassesse n'est pas jolie à voir, mais c'est bien vu, encore une fois.

Un autre levier utilisé par le Président pour avancer ses pions est la connivence, comme on le voit dans l'extrait présenté ici. Quand tout le monde a du sang sur les mains, plus rien ne peut arrêter la machine. Le cynisme est à son comble à la fin de l'extrait, lorsque le Président propose à son collaborateur un coaching dernier cri comme antidote à ses états d'âme... Un coaching « *jungien* », pour ne rien gâter : le talent d'Emmanuelle Heidsieck est d'en rajouter toujours un peu, donnant à cette fable grinçante beaucoup d'humour noir.

Sauve qui peut !

Le ton étant ainsi donné, tout en haut de la pyramide hiérarchique, le roman montre comment la même chose se rejoue à tous les échelons. Comment en serait-il autrement dans une ambiance de terreur, où chacun ne songe plus qu'à sauver sa peau ? La question posée dans le roman est bien celle-là : peut-on conserver une éthique quand on a peur ? Le malheureux directeur des ressources humaines, sentant son heure proche, reconnaît dans les méthodes de torture dont il est victime celles qu'il a souvent appliquées lui-même. Ironie du sort, il impute d'ailleurs son limogeage au fait d'avoir résisté (mollement, mais résisté tout de même) au renvoi d'un collaborateur, montrant alors quelques miettes malséantes d'humanité. Il a en effet été ému par le drame personnel que vit le collaborateur en question, puisqu'une de ses filles est atteinte de leucémie. Or, cette prise en compte de la situation familiale est une faute impardonnable aux yeux de son supérieur hiérarchique : « *Sinon, comme je dis toujours, vu le nombre de divorcés, il faudrait fixer les salaires en fonction des pensions alimentaires, aah, aah.* »

Résiste !

Dans l'agence du XIXᵉ arrondissement où travaille Robert, le narrateur, pression et manipulation sont également de mise. Ainsi, Robert soupçonne son directeur, Simonin, de vouloir le mettre sur la touche... jusqu'au moment où le Simonin en question est placardisé à son tour, pour être remplacé par un individu plus zélé dans la mise en œuvre de la réforme. La menace sur Robert semble alors se préciser, même si on a du mal à faire la part de la réalité et de la paranoïa, à laquelle plus personne n'échappe – ce flou donne encore plus de force au récit.

Dans ce tableau décidément pessimiste, l'immoralité est la règle. L'auteur dénonce ainsi l'attitude des consultants « *vautours* », qui gagnent leur vie sur le grand marché du placement et de l'outplacement : « *Il y a même des consultants qui prennent des commissions sur du networking entre cadres-sup au chômage. "Bonjour, Marc-Antoine, je vous présente Marc-Ernest, échangez vos carnets d'adresses, ce n'est pas cher, deux fois cinq cents euros, des carnets d'adresses de mecs brisés..."* »

Finalement, le seul qui résiste à cette déchéance morale, c'est Robert, le narrateur. *A priori*, rien ne le prédestine à jouer les héros, et surtout pas ce prénom ridicule, que ce quadragénaire ne pardonne pas à ses parents. Entre son divorce, ses mutations mal négociées et sa docilité, il est assez quelconque, Robert. Pourtant, quelque chose en lui se rebelle, face au discours grand-guignolesque de la direction et à la pression meurtrière du nouveau système de suivi individuel des résultats. Cela ne le mènera pas bien loin... en l'occurrence dans un hôpital psychiatrique, d'où il refuse de sortir pour ne pas avoir à affronter la laideur du monde. « *Pourquoi ne pas aller du côté des salopards ?* », s'interroge-t-il. Dans ce roman bien sombre, malgré son humour décapant, la question reste sans réponse...

LES AFFAIRES SONT LES AFFAIRES

Les Hommes de bonne volonté
JULES ROMAINS

Si les œuvres littéraires injustement tombées dans l'oubli sont nombreuses, l'injustice est flagrante pour *Les Hommes de bonne volonté*, roman magistral de Jules Romains. Ce travail de grande envergure qui comportait vingt-sept volumes dans l'édition d'origine – rassemblés aujourd'hui en quatre tomes – présente une peinture de la société française de 1908 à 1933, à travers les destins croisés de dizaines de personnages de tous les milieux. Par son ambition et sa justesse sociologique, l'œuvre rappelle les célèbres Rougon-Macquart de Zola. Avec cependant une différence : il s'agit d'un roman unique, avec une forte unité interne, et non d'une série de romans noués par des liens plus ou moins ténus. L'objectif de Jules Romains étant de peindre l'ensemble de la société, on y trouve une description approfondie du monde des affaires, principalement à travers l'ascension de Frédéric Haverkamp, modeste parieur sur les champs de course qui devient l'un des plus grands financiers d'Europe grâce à son talent éblouissant. Du management de la qualité à la stratégie commerciale, en passant par la gestion des ressources humaines, le développement de son entreprise est abordé sous toutes les facettes, offrant au lecteur une étude de cas exceptionnellement riche sur la création d'entreprise.

Incarnation de l'entrepreneur génial, Haverkamp est aussi un homme à la psychologie complexe, et donc une figure passionnante, comme tous les autres personnages de cette fresque. Son parcours est non seulement une leçon de management, mais aussi une leçon d'humanisme : on y trouve toute la bienveillance d'un écrivain toujours enclin à souligner la meilleure part de chacun. Si vous ne faites pas encore partie de la communauté de lecteurs que Jules Romains rêvait de créer, il n'y a pas une minute à perdre !

« Je crois que comme ça, c'est bien. Et ça reste décent » songeait Haverkamp. « Je vais commander un Chablis ou un Pouilly... Ensuite un bon Bourgogne rouge... pas un trop grand cru, ni une trop grande année. »

Il était soucieux de ne donner ni à son invité, le contrôleur Cornabœuf, ni à lui-même, l'impression qu'ils « faisaient la bombe », au plein moment de la bataille de Verdun. Rien n'est plus naturel, pour des gens très occupés, que de se retrouver de part et d'autre d'une table, à l'heure du déjeuner (« il faut bien que vous déjeuniez quelque part, n'est-ce pas ? »), pour examiner une affaire qui est d'intérêt public. Et il y aurait de l'affectation à choisir exprès un mauvais restaurant, ou un menu spartiate, sous prétexte que les poilus n'ont pas tous les bons morceaux qu'on souhaiterait de grand cœur leur procurer. Mais il faut savoir observer la mesure. Question de tact. Perdreaux... Quenelles... Mon Dieu ! C'est en somme se conformer à la règle des deux plats, qui est très raisonnable. Les huîtres en supplément, ça ne compte pas. Si personne ne mangeait plus d'huîtres, que deviendraient les producteurs ? Il y a déjà bien assez de misère. En particulier, l'ostréiculture est une richesse nationale à sauvegarder.

Ces messieurs parlèrent d'abord des huîtres, précisément ; et des pertes énormes que devaient subir les parcs d'élevage depuis un an et demi. L'idée qu'ils contribuaient, pour leur modeste part, à conjurer l'effondrement du commerce des Marennes donnait à ces messieurs tout à fait bonne conscience au moment de la déglutition. De là ils passèrent aux primeurs de Normandie et de Bretagne que les Anglais n'achetaient plus. Puis à la crise des villes d'eaux. Haverkamp n'y fit qu'une allusion discrète, comme à un deuil de famille.

© *Les Hommes de bonne volonté*, Jules Romains, Flammarion, 1958

Ambitieux, audacieux, aventureux, le génial Haverkamp imaginé par Jules Romains est prêt à bien des compromis avec la morale pour parvenir à ses fins, son opportunisme pendant la Première Guerre mondiale en est l'illustration la plus déplaisante. Pour autant, contrairement à d'autres, l'homme d'affaires n'est pas dépourvu de principes et de valeurs.

S'arranger avec la vérité

La chose est entendue dès le début du roman : quand son intérêt est en jeu, Haverkamp n'hésite pas à composer avec la vérité. À ses débuts, il publie des annonces fictives dans la presse pour constituer les premiers fichiers de son agence immobilière : « *Le matin même où venait de paraître l'annonce, huit à dix visiteurs faisaient queue dans l'antichambre et le salon. Il fallait, hélas, les accueillir tous par la même phrase : "Vous arrivez trop tard. L'affaire a été enlevée immédiatement."* »

Mais attention, ceux qui ont été ainsi « grugés » ne le seront plus par la suite. Après cette petite magouille nécessaire pour appâter les clients, ces derniers ne regretteront pas le déplacement : Haverkamp, qui offre un service incomparable par rapport à celui de ses concurrents, mettra tout en œuvre pour trouver un bien correspondant à leurs attentes et y parviendra le plus souvent.

On le voit également « *corriger la vérité sans l'altérer gravement* » lors d'une réunion décisive avec des investisseurs potentiels pour son projet de ville d'eaux. Pour constituer son tour de table, l'homme d'affaires embellit les faits, affirmant qu'il a repéré la source minérale de La Celle dans le cadre de « *recherches méthodiques* », alors qu'il l'a découverte fortuitement. Là encore, étant donné le sérieux qu'il apporte par ailleurs à son dossier, on peut considérer que c'est un péché véniel...

Des pratiques financières « limites »

Par la suite, Haverkamp ne s'encombre pas non plus de scrupules excessifs pour développer sa holding, par le biais de pratiques spéculatives qu'on pourrait qualifier de « limites ». Habile mélange de papier fictif et d'argent réel qu'il réussit à lever, son empire financier est fragile : il est le premier à le déplorer. Enviant la fortune solide d'un Carnegie ou d'un Rockfeller, il constate que la sienne diffère par « *le coefficient d'adhérence au sol, la nature des choses possédées* ». « *Tu navigues beaucoup plus dans les nuages* », conclut-il pour lui-même.

Cependant, si l'on en croit Jerphanion, haut fonctionnaire incorruptible qui a décrypté brillamment les mécanismes financiers utilisés par Haverkamp, son conglomérat est « *d'une solidité presque honorable pour notre époque* ». Tout est relatif...

Au moment de la chute du financier, Jerphanion montrera la même indulgence : « *Il semble que notre gaillard ait plutôt péché par une audace folle que par des manœuvres délictueuses, dans le cadre des lois existantes. Il a été grisé par la chance et par la confiance qu'on lui faisait.* » Et, plus loin, en guise d'oraison funèbre : « *C'était plutôt un grand imaginatif qu'un grand criminel. Appelons-le, si vous voulez, un grand aventurier, aidé par les tares de l'époque et du régime économique. Mais il n'y avait pas en lui de méchanceté, ni de malfaisance.* » Autrement dit, ce sont les mœurs générales des affaires qui se sont perverties, et Haverkamp n'est pas plus fripouille qu'un autre...

La guerre révèle l'aspect le plus sombre de sa personnalité

Finalement, c'est pendant la Première Guerre mondiale, qui le surprend au début de son ascension, qu'on est le plus mal à l'aise devant son opportunisme. Voyant tout à travers le prisme de sa réussite personnelle, il n'hésite pas à déclarer, en plein Verdun, que « *le moment est excellent* »... Concernant cette période de guerre, la seule chose « *dont il n'est pas très fier* » est l'abattement dont il fait preuve pendant les premières semaines. Abattement purement égoïste : s'il se désole du conflit, c'est à cause de ses conséquences désastreuses pour ses affaires immobilières et sa ville thermale flambant neuve ! Plus tard, il se reprochera d'avoir eu ce moment de faiblesse inexcusable, alors que d'autres se mettaient aussitôt en branle pour tirer profit de l'événement !

Avec son énergie infatigable, l'homme d'affaires se remet vite de son désarroi pour adopter un opportunisme sans état d'âme. Lors d'une illumination que Jules Romains n'hésite pas à comparer à « *ces événements décisifs qui jalonnent la vie des artistes, des inventeurs, des mystiques* », il a l'idée d'utiliser sa « *brave petite usine* » de chaussures de Limoges pour devenir fournisseur de l'armée. « *Dès que l'idée eut jailli, il fut un homme entièrement réveillé.* » Peu à peu, il en vient à vendre aux militaires à peu près tout : d'abord des brodequins, dont il sous-traite la fabrication car il n'a pas l'outil industriel suffisant, puis des ceinturons, des peaux de mouton et des grenades. Sans oublier la transformation de son complexe thermal en centre de convalescence – le loyer est modique, mais il n'oublie pas d'exiger une remise en état complète des locaux à la fin de la guerre, cette opération judicieuse évitant de le laisser à l'abandon.

Le repas d'affaires présenté dans l'extrait ci-dessus est un chef-d'œuvre d'humour pince-sans-rire. Conscient qu'on pourrait lui reprocher de faire bombance en pleine guerre, le financier multiplie les arguments fallacieux pour justifier le festin – précisons que le roman comporte, quelques pages plus haut, une description déchirante de la tragédie meurtrière qui se déroule sur le front.

Haverkamp a également quelques accès d'hypocrisie : au cours du même déjeuner d'affaires, il pousse des hurlements scandalisés en évoquant les industriels qui corrompent les fonctionnaires pour obtenir les chiffres de commandes passées chez les concurrents, « *oubliant qu'il avait lui-même usé plusieurs fois du procédé* »...

Pour le lecteur, les limites que le chef d'entreprise se fixe pendant la guerre sont pour le moins inattendues : elles ne relèvent pas de la morale, mais de l'image qu'il a de son propre *standing*. Ainsi, il s'interdit le secteur de l'alimentation qu'il juge insuffisamment noble – pour lui, c'est le domaine des « mercantis », autrement dit des profiteurs (dans lesquels il ne se reconnaît donc pas !). Pour des raisons inverses, il s'interdit aussi, du moins au début, le secteur de l'armement, qu'il juge réservé à des industriels plus établis – il craint de passer pour un margoulin aux yeux de « *la famille de la Métallurgie, des Hauts-Fourneaux* ». Après réflexion, il se placera néanmoins dans les grenades : « *Il n'était peut-être pas glorieux de faire des grenades. Mais il n'était pas ridicule de l'entreprendre.* » Ces dérisoires scrupules d'amour-propre paraissent pour le moins curieusement placés !

Le personnage fait preuve du même opportunisme quelques années plus tard, lorsqu'il profite de la NEP (Nouvelle Politique Économique) pour faire des affaires en URSS. Lors d'un dîner avec le ministre, à Moscou, il établit un parallèle avec ceux qui ont créé les premiers liens commerciaux avec les Indes ou l'Afrique : « *Qu'auriez-vous pensé du monsieur qui aurait passé son temps à se demander si le roi nègre avait pris le pouvoir d'une manière bien légitime, si son gouvernement était solide, si le régime du travail était bien conforme à nos idées ?...* » Le message est clair : les affaires ne font pas bon ménage avec les états d'âme !

N'oublions pas de replacer les choses dans leur contexte : les concepts d'entreprise socialement responsable ou de développement durable ne sont pas encore à la mode... D'ailleurs, même si son comportement pendant la Première Guerre mondiale est loin d'être irréprochable, Haverkamp est l'un des rares à conserver une *certaine* éthique dans ce contexte amoral, où chacun, mis en émoi par « *les premiers glouglous de la fontaine à milliards* », essaie de remporter le pactole. Les anciens industriels de l'armement se battent pour garder leur monopole, les profiteurs se bousculent, les fonctionnaires empochent les pots-de-vin. Haverkamp, lui, a au moins le mérite de refuser d'abaisser la qualité des brodequins destinés aux poilus au-dessous d'un certain seuil. En somme, il conserve « *toute l'honnêteté commerciale compatible avec cette époque de grandes tentations* ». Bien qu'ambitieux et opportuniste, il n'est pas prêt à tout : voilà qui le distingue de l'infâme Saccard créé par Zola.

Un entrepreneur loyal, sentimental et humain

De même, si Haverkamp apparaît souvent manipulateur en affaires – la frontière entre négociation et manipulation est ténue – il fait preuve d'une loyauté indéfectible à l'égard de ses partenaires. « *Je suis fidèle à tous ceux qui ont tenu une place dans ma vie* », proteste-t-il quand on lui suggère de remplacer l'architecte compagnon de ses débuts par un jeune plus en vue. Cette fidélité à l'ami architecte englobe aussi les artistes recommandés par ce dernier : le financier rêve de « *protéger les artistes, les gâter, écarter d'eux les effets de leur imprudence congénitale* ». En parallèle, sa générosité le conduit à financer largement des œuvres de bienfaisance, faisant de lui un véritable mécène.

Volontiers protecteur et paternaliste, Haverkamp est aussi un vrai sentimental. Certes, lorsque son jeune employé Wazemmes est mobilisé, il se passe de lui : « *Il n'était pas de ceux qui s'accrochent aux absents.* » Cependant, il sera très affecté par sa mort et ne l'oubliera pas : « *Wazemmes s'est fait tuer sur le front de Verdun, au Mort-Homme, le 9 avril 1916, en braillant la Marseillaise avec ses camarades qu'il menait au feu – il était caporal – pendant que nous autres... je parle pour moi... oui, pendant que nous autres nous faisions du bizeness et nous gagnions de l'argent.* »

Autre trait de caractère sympathique, Haverkamp ne laisse pas le calcul envahir sa vie privée. C'est ainsi qu'il épouse, sur un coup de tête, l'employée dévouée qui a été sa maîtresse pendant des années. S'il accomplit ainsi « *la seule grande bêtise de sa vie* », c'est pour échapper à la solitude. Constatant qu'il n'a « *rien que des rivaux, ou des ennemis, ou des alliés d'un moment* », il commet cette erreur, qui le rend plus humain. En huit jours, la jeune épousée adopte le comportement de la pire des enfants gâtées, se montrant toujours insatisfaite malgré sa nouvelle fortune.

Avec ses nuances et ses contradictions, le personnage d'Haverkamp montre bien qu'en matière d'éthique des affaires, il n'existe pas de noir ou de blanc, mais de multiples nuances de gris. Ce superbe portrait d'entrepreneur illustre bien la définition donnée par Bernard Devert, fondateur de l'association Habitat et Humanisme, à la fois prêtre et promoteur : « *L'éthique ne saurait être l'expression d'une puissance d'absolu, mais bien l'approche de la fragilité jusqu'à reconnaître, dans ce travail jamais achevé, l'écart entre ce qui est souhaitable et ce qui se révèle possible.* »

HUMAIN, TROP HUMAIN

Open Space

JOSHUA FERRIS

Pour une présentation générale du livre, voir page 21.

« Parce qu'en plus, il y a un truc qu'il faut que vous sachiez. Un truc que vous devez comprendre. Depuis le brief d'hier, je marche sur des œufs. »

Nous lui avons demandé pourquoi. Elle a regardé autour d'elle d'un air suspicieux, ce qui était surprenant de sa part parce qu'en général, elle se fichait complètement de ce qu'on pouvait l'entendre dire. Marcia ne marchait jamais sur des œufs. Elle avait grandi à Bridgeport, elle faisait ses vidanges elle-même, elle écoutait Mötley Crüe.

« Parce que c'est *moi* qui ai pris la chaise de Tom Mota, nous a-t-elle avoué. Vous comprenez ? La chaise de Tom est dans *mon* bureau. La règle, ça a toujours été que quand quelqu'un part, sa chaise revient au plus rapide. Et là, la plus rapide, c'était moi. Je savais pas pour les numéros de série, jusqu'à ce que cette andouille nous raconte son histoire hier avant le brief. Depuis, je marche sur des œufs. Ça me rend folle. Je veux m'en débarrasser, mais comme Yop a apporté la chaise d'Ernie dans le bureau de Tom pour faire croire que c'était vraiment celle de Tom et pas celle d'Ernie, je peux pas rapporter la vraie chaise de Tom dans son bureau, parce qu'à ce moment-là Tom aurait *deux* chaises. Ça paraîtrait bizarre, non ? Mais en même temps, s'ils font un contrôle et qu'ils découvrent que j'ai la chaise avec le numéro de série de Tom – enfin vous voyez, quoi : j'ai la chaise avec le numéro de série ! Qu'est-ce que je dois faire ? Qui est-ce qui savait, pour les numéros de série ? Moi je savais pas. Vous saviez, vous ? »

Elle était aussi haletante et fébrile que Yop. Nous lui avons dit de se reprendre. Chris Yop ne s'était pas fait virer uniquement parce qu'il avait volé la chaise de Tom. Il s'était fait virer parce qu'il ne pouvait même pas […]

rédiger son propre CV sans le consteller de fautes et de coquilles. Lynn Mason et ses associés ne pouvaient pas confier des campagnes de plusieurs millions de dollars à des rédacteurs ignares. C'était pour ça qu'il s'était fait virer.

© *Open Space*, Joshua Ferris, Denoël, 2007

La question du sens moral, principalement dans les rapports entre collègues, est au cœur de *Open Space*. Sans faire l'objet d'une réflexion explicite chez les personnages, qui ont d'autres chats à fouetter, elle est néanmoins présente à chaque page, à travers les actes et les paroles de ces publicitaires à la langue bien pendue. Qui sont-ils et que valent-ils, derrière leur intarissable flot de paroles et leur « grande gueule » ? L'intérêt du livre est de proposer un double portrait : à la fois de chaque individu et de l'équipe en tant que telle. En écrivant son roman à la première personne du pluriel, Joshua Ferris fait, en effet, du groupe le personnage principal du livre.

Arrogance et mensonge

L'aspect le plus déplaisant chez cette équipe de publicitaires est sans doute son arrogance. « *Notre science était infinie, notre clairvoyance toute-puissante, personne n'avait de secret pour nous. Nom de Dieu, parfois nous avions l'impression d'**être** Dieu. Était-ce un si grand blasphème ?* » À leur décharge, cette présomption relève en partie d'une déformation professionnelle : « *Notre confiance en nous-mêmes reposait pour une bonne part sur notre conviction que nous étions de bons vendeurs, que nous savions exactement comment le monde fonctionnait – qu'en fait, c'était **nous** qui lui disions comment fonctionner.* »

Ce sentiment de supériorité s'accompagne d'une certaine mesquinerie (« *Nous adorions les bagels gratuits du matin* ») et d'une immaturité consternante. Pousser un collègue sur une chaise à roulettes ou faire des boulettes de papier : telles sont les gamineries qui remplissent leurs journées.

Nos publicitaires sont aussi des menteurs patentés, et ils sont payés pour ça. « *Le truc, c'était de ne pas s'embarrasser du sens des mots. Au bout du compte, si tout se passait bien, "Garbedian et fils" signifierait que trois Hispaniques viendraient chez vous pour rafraîchir votre pelouse. Quand nous disions : "Ne ratez pas une affaire pareille", ce que nous voulions vraiment dire, c'était : il faut qu'on écoule ces saloperies le plus vite possible. "Bénéficiez d'avantages incroyables" signifiait : préparez-vous à payer la peau du cul. Avec nous, les mots et leur sens étaient presque toujours contradictoires. Nous le savions, vous le saviez, ils le savaient, nous le savions tous.* »

Karen, qui est sans doute la plus amorale, franchit la ligne rouge en inventant une substance pour promouvoir les qualités nutritionnelles d'un biscuit. « *0 g d'acide restif* », propose-t-elle d'écrire sur le paquet. Quand la directrice s'étonne de n'avoir jamais entendu parler de cette substance, elle rétorque avec aplomb qu'elle ne ment pas en déclarant qu'il n'y en a pas dans le produit...

Magouilles (minuscules) du quotidien

Dans un tel contexte, on imagine bien que nos olibrius ne s'encombrent pas de scrupules lorsque leur intérêt personnel, même le plus minime, est en jeu. Quand leur directrice, d'une droiture sans faille, se plaint de la difficulté de faire installer le câble chez elle, n'envisageant à aucun moment d'attendre la visite du technicien à son domicile pendant son temps de travail, ils se retrouvent très mal à l'aise : « *Nous ne savions plus trop quoi dire. Une réponse honnête aurait révélé qu'un jour, dans notre ténébreux passé, nous avions pris une matinée pour attendre le technicien du câble au lieu d'aller travailler. Nous ne voulions pas qu'elle pense que nous étions du genre à faire passer le câble avant le travail. C'était le travail qui nous permettait de nous offrir le câble. Mais en même temps, il y avait des soirs où, en rentrant à la maison, nous avions vraiment besoin de nous affaler devant nos trois cents chaînes, et ces soirs-là nous rappelaient que nous aurions simulé une grippe pendant toute une semaine si ç'avait été nécessaire pour avoir le câble.* »

L'extrait présenté ici apporte une autre illustration de cette médiocrité morale qui est devenue leur norme. Lorsqu'elle avoue avoir pris le fauteuil de Tom Mota après son licenciement, Marcia s'abrite derrière la « règle » selon laquelle la chaise de celui qui part revient au plus rapide, réduisant ainsi sa responsabilité. Le plus drôle est que les auteurs de ces méfaits n'hésitent pas à s'insurger contre l'intendante lorsque cette dernière se met à la recherche du fauteuil disparu, au nom de principes moraux qu'ils oublient de s'appliquer à eux-mêmes. *« ça devait faire quoi, allez, vingt-quatre heures qu'ils avaient viré Tom. C'était mardi dernier. Et voilà : son cadavre n'est même pas encore froid qu'il y a l'autre qui se pointe pour me traiter de voleur. »*

Cette perte de sens du bien et du mal se produit insidieusement, à l'échelle du groupe, même si l'équipe a parfois des moments de lucidité quant à son degré de déchéance morale. On le voit à la fin de l'extrait, lorsqu'ils s'horrifient d'en être arrivés à *« parler de la chaise avec laquelle il valait mieux que Marcia se fasse choper »*.

Malgré tout, une vraie chaleur humaine

Pourtant, la valeur de ces individus ne se réduit pas à ces comportements peu glorieux : tout l'intérêt du livre est de montrer qu'ils sont bien plus complexes qu'il ne paraît au premier abord.

Ainsi, leur rapport au travail est bourré de contradictions. La première facette montrée par Joshua Ferris est celle de la frustration. Péché d'orgueil, tous aiment à penser qu'ils auraient mieux à faire de leur vie si le besoin d'argent ne les contraignait pas à travailler : *« Il **fallait** qu'il y ait une histoire plus intéressante que la nôtre. »* Cette conviction pousse certains d'entre eux à poursuivre des aspirations artistiques, à travers la peinture ou l'écriture.

Mais le fait que le travail soit avant tout un moyen de régler leurs factures ne diminue pas son importance, au contraire ! Dans la société de consommation américaine, la course-poursuite contre les factures est permanente. *« J'essaie juste de faire gagner un dollar à un client afin de faire gagner vingt-cinq cents à l'agence, afin d'en gagner moi-*

même cinq, et qu'il m'en reste un quand j'aurai versé à Barbara la somme fixée par la Cour. Pour cette raison, j'aime mon travail et je ne veux jamais le perdre, et j'espère que personne, en lisant ces lignes, ne me jugera suffisant ou ingrat. » Cette aliénation accentue l'angoisse du licenciement et justifie l'esprit de compétition entre collègues : c'est une affaire d'instinct de survie.

Par ailleurs, on comprend vite que le fait de réduire le travail à une simple source de revenus n'est qu'une pose, une fanfaronnade. Au fond d'eux-mêmes, ces hommes et ces femmes aspirent à l'exact opposé, autrement dit à trouver dans le travail un lieu d'humanité : *« En choisissant de ne pas nous dire qu'elle avait un cancer, elle nous avait dépouillés d'une de nos plus chères illusions : l'idée que nous n'étions pas là que pour l'argent, mais aussi les uns pour les autres. »* Les publicitaires d'*Open Space* sont bien moins cyniques, désabusés et arrogants qu'ils le prétendent.

Avec son brillant sens de la formule, Joshua Ferris résume en quelques mots leur manque de confiance en eux, accentué par le contexte menaçant : *« Nous avions toujours le sentiment que nos mauvaises idées étaient sûrement pires que les mauvaises idées des autres. »*

Ils se montrent également pleins de compassion les uns pour les autres, s'identifiant à ceux dont la vie bascule suite au licenciement. Mieux, ils savent se montrer généreux et solidaires en certaines circonstances, par exemple lorsqu'ils rendent visite au vieux Brizz hospitalisé ou lorsque Tom, le plus déjanté et le plus mal dans sa peau, offre à son collègue un livre d'Emerson comme antidote à la dépression qui le ronge.

S'il est souvent question d'instinct meurtrier et de haine, dans un contexte où chacun lutte pour sa survie, ce sont des sentiments de circonstances, plus factices encore que les élans d'amitié qui soudaient l'équipe pendant les moments de surchauffe, à l'époque où les carnets de commandes étaient pleins.

Même leur habitude obsessionnelle du ragot n'est pas fondamentale-ment malveillante. Elle dénote avant tout le besoin très humain de se forger une opinion sur les autres, et leur volonté, en partie due à leur métier, de tout analyser et tout comprendre. Rien ne doit échapper à leur perspicacité, et surtout pas le comportement de ceux qu'ils côtoient chaque jour. Or, c'est là un défi permanent, qui mobilise toutes leurs forces : « *Nous ne connaissions rien de plus difficile que de lire dans les pensées des autres.* » Cette remarque souligne le côté paradoxal des relations de travail : on connaît certains aspects de la vie de ses collègues, mais d'autres nous échappent complètement. Les ragots sont aussi un moyen d'échapper à la tragédie qui s'abat sur certains d'entre eux : divorce, dépression, perte d'un enfant.

Plus tard, l'un des membres licenciés de l'équipe retrouvera un emploi dans une autre entreprise, où les échanges se limitent au strict minimum. Quand il s'amuse à ne plus répondre à ses collègues que par des répliques empruntées au film *Le Parrain*, personne ne semble le remarquer – encore un passage extrêmement drôle. On se dit alors que les incessants bavardages valent mieux que l'indifférence.

Bien sûr, il leur arrive de déraper, et ils ne le font pas à moitié. On les voit ainsi jouer de très mauvaises blagues au directeur adjoint, dont le caractère silencieux et impénétrable est vécu comme un outrage. Mais quand ils deviennent vraiment méchants, c'est à cause de l'effet bien connu d'entraînement du groupe. Brassens le disait bien : « *Le pluriel ne vaut rien à l'homme, et sitôt qu'on est plus de quatre, on est une bande de cons.* » Le directeur adjoint, qui, adolescent, a pris part malgré lui à une bastonnade collective, a fait le vœu de ne plus jamais appartenir à un groupe, devenant, de fait, le rempart moral de cette équipe qui le déteste.

Nos braves publicitaires ne sont pas toujours brillants, mais ce ne sont pas de mauvais bougres... Capables du meilleur comme du pire, humains en somme. C'est pour cela qu'on les aime, c'est pour cela que ce livre est si fort.

Chapitre 5

LE CLIENT
EST ROI !

La relation commerciale est un sujet sur lequel le regard des écrivains a évolué de façon très sensible, au cours du temps. Au début du XXe siècle et, *a fortiori*, au XIXe, le commerce est présenté comme un défi, et parfois un art, dans lequel on peut donner toute son intelligence. Sans doute, certains considèrent que la vente manque de noblesse, voire de morale : parfois, le client est un « pigeon » qu'il s'agit de plumer au mieux, quitte à recourir à des supercheries caractérisées. Malgré tout, en ces temps où la publicité prend son essor, les écrivains présentent la conquête du client comme une aventure pleine de passion, d'inventivité et de jubilation – *Au bonheur des dames* en est une illustration célèbre et magnifique.

À l'inverse, les romans contemporains consacrés à l'entreprise présentent la vente sous un jour sombre. Chez Michel Houellebecq, le client est un zéro, et la relation commerciale une mascarade qu'il faut subir avec courage en attendant que ça passe. Chez Thierry Beinstingel, dont le roman a pour cadre l'univers déshumanisé des centres d'appels, la relation client est factice, vide de sens, tragique.

Sans oublier que dans l'écrasante majorité des romans récents consacrés au monde de l'entreprise, le client est tout simplement inexistant. Le fait qu'il soit ainsi le grand absent de la littérature contemporaine en dit long sur l'image de l'entreprise : une machine absurde, sans but ni sens, qui tourne à vide – image qui n'est pas seulement celle des écrivains mais bien d'une grande partie de la société.

LE MARKETING ÉLEVÉ AU RANG D'ART

Au bonheur des dames
ÉMILE ZOLA

Pour une présentation générale de l'œuvre, voir page 29.

Ce qui arrêtait ces dames, c'était le spectacle prodigieux de la grande exposition de blanc. Autour d'elles, d'abord, il y avait le vestibule, un hall aux glaces claires, pavées de mosaïques, où les étalages à bas prix retenaient la foule vorace. Ensuite, les galeries s'enfonçaient, dans une blancheur éclatante, une échappée boréale, toute une contrée de neige, déroulant l'infini des steppes tendues d'hermine, l'entassement des glaciers allumés sous le soleil. On retrouvait le blanc des vitrines du dehors, mais avivé, colossal, brûlant d'un bout à l'autre de l'énorme vaisseau, avec la flambée blanche d'un incendie en plein feu. Rien que du blanc, tous les articles blancs de chaque rayon, une débauche de blanc, un astre blanc dont le rayonnement fixe aveuglait d'abord, sans qu'on pût distinguer les détails, au milieu de cette blancheur unique. Bientôt les yeux s'accoutumaient : à gauche, la galerie Monsigny allongeait les promontoires blancs des toiles et des calicots, les roches blanches des draps de lit, des serviettes, des mouchoirs ; tandis que la galerie Michodière, à droite, occupée par la mercerie, la bonneterie et les lainages, exposait des constructions blanches en boutons de nacre, un grand décor bâti avec des chaussettes blanches, toute une salle recouverte de molleton blanc, éclairée au loin d'un coup de lumière. Mais le foyer de clarté rayonnait surtout de la galerie centrale, aux rubans et aux fichus, à la ganterie et à la soie. Les comptoirs disparaissaient sous le blanc des soies et des rubans, des gants et des fichus. Autour des colonnettes de fer, s'élevaient des bouillonnés de mousseline blanche, noués de place en place par des foulards blancs. Les escaliers étaient garnis de draperies blanches, des draperies de piqué […]

et de basin alternées, qui filaient le long des rampes, entouraient les halls, jusqu'au second étage ; et cette montée du blanc prenait des ailes, se pressait et se perdait, comme une envolée de cygnes. Puis, le blanc retombait des voûtes, une tombée de duvet, une nappe neigeuse en larges flocons : des couvertures blanches, des couvre-pieds blancs, battaient l'air, accrochés, pareils à des bannières d'église ; de longs jets de guipure traversaient, semblaient suspendre des essaims de papillons blancs, au bourdonnement immobile ; des dentelles frissonnaient de toutes parts, flottaient comme des fils de la Vierge par un soleil d'été, emplissaient l'air de leur haleine blanche. Et la merveille, l'autel de cette religion du blanc, était, au-dessus du comptoir des soieries, dans le grand hall, une tente faite de rideaux blancs, qui descendaient du vitrage. Les mousselines, les gazes, les guipures d'art, coulaient à flots légers, pendant que des tulles brodés, très riches, et des pièces de soie orientale, lamées d'argent, servaient de fond à cette décoration géante, qui tenait du tabernacle et de l'alcôve. On aurait dit un grand lit blanc, dont l'énormité virginale attendait, comme dans les légendes, la princesse blanche, celle qui devait venir un jour, toute-puissante, avec le voile blanc des épousées.

– Oh ! extraordinaire ! répétaient ces dames. Inouï !

Elles ne se lassaient pas de cette chanson du blanc, que chantaient les étoffes de la maison entière. Mouret n'avait encore rien fait de plus vaste, c'était le coup de génie de son art de l'étalage. Sous l'écroulement de ces blancheurs, dans l'apparent désordre des tissus, tombés comme au hasard des cases éventrées, il y avait une phrase harmonique, le blanc suivi et développé dans tous ses tons, qui naissait, grandissait, s'épanouissait, avec l'orchestration compliquée d'une fugue de maître, dont le développement continu emporte les âmes d'un vol sans cesse élargi. Rien que du blanc, et jamais le même blanc, tous les blancs, s'enlevant les uns sur les autres, s'opposant, se complétant, arrivant à l'éclat même de la lumière. Cela partait des blancs mats du calicot et de la toile, des blancs sourds de la flanelle et du drap ; puis, venaient les velours, les soies, les satins, une gamme montante, le blanc peu à peu allumé, finissant en petites flammes aux cassures des plis ; et le blanc s'envolait avec la transparence des rideaux, devenait de la clarté libre avec les mousselines, les guipures, les dentelles, les tulles surtout, si légers, qu'ils étaient comme la note extrême et perdue ; tandis que l'argent des pièces de soie orientale chantait le plus haut, au fond de l'alcôve géante.

© *Au bonheur des dames*, Émile Zola, Gallimard 1980

Obsédé par la volonté de transformer la boutique de tissus héritée de sa défunte femme en un magasin colossal et radicalement différent du commerce à l'ancienne, Octave Mouret met au point une machine de vente implacable. Prix bas, publicité, merchandising, tout est là pour faire céder les femmes à la tentation. Pour le directeur du *Bonheur des dames*, qui rêve de tenir à sa merci son « *peuple de femmes* », il s'agit d'un enjeu de pouvoir, présentant un parallèle explicite avec la possession amoureuse.

La divine tentation

Dès les premières pages du roman, le grand magasin en pleine expansion est présenté comme un dispositif implacable, grâce à des termes empruntés au monde de l'industrie. « *Il y avait là le ronflement continu de la machine à l'œuvre, un enfournement de clientes, entassées devant les rayons, étourdies sous les marchandises, puis jetées à la caisse. Et cela réglé, organisé avec une rigueur mécanique, tout un peuple de femmes passant dans la force et la logique des engrenages.* » Cette métaphore industrielle, reprise tout au long du roman, reflète la présence d'une panoplie de mécanismes commerciaux qui « produit » l'acte d'achat de façon aussi efficace et inexorable qu'un processus de fabrication produit un objet.

Premier pilier de la stratégie commerciale, la mise en place de produits d'appel, dont le romancier expose l'intérêt avec limpidité : « *Le tout, mon cher, est de les allumer, et il faut pour cela un article qui flatte, qui fasse époque. Ensuite, vous pouvez vendre les autres articles aussi cher qu'ailleurs, elles croiront les payer chez vous meilleur marché.* »

Poussant l'idée jusqu'au bout, Mouret n'hésite pas à vendre à perte et à le faire savoir, utilisant ainsi tous les ressorts de la psychologie « féminine » (ou plus généralement humaine, si l'on considère que l'âpreté au gain n'est pas l'apanage des femmes !) : « *"Ma parole d'honneur ! Nous la donnons à perte." Ce fut le dernier coup porté à ces dames. Cette idée d'avoir de la marchandise à perte fouettait en elles l'âpreté de la femme, dont la jouissance d'acheteuse est doublée,* quand elle croit voler le marchand. Il les savait incapables de résister au bon marché. »

Autre manipulation géniale, largement utilisée par le marketing contemporain, la conquête de la mère par l'enfant, alternative habile pour les (rares) femmes qui seraient « sans coquetterie ». Même Madame Bourdelais, incarnation de la consommatrice avisée et rétive aux pièges de Mouret, tombe dans ce filet-là, à sa grande exaspération. « Ne m'en parle pas ! s'écria madame Bourdelais. Je suis furieuse... Ils vous prennent par ces petits êtres maintenant ! Tu sais si je fais des folies pour moi ! Mais comment veux-tu résister à des bébés qui ont envie de tout ? J'étais venue les promener, et voilà que je dévalise les magasins ! »

La possibilité de retourner les articles après achat est une autre trouvaille qui vient parachever le piège : « Puis, il avait pénétré plus avant encore dans le cœur de la femme, il venait d'imaginer "les rendus", un chef-d'œuvre de séduction jésuitique. "Prenez toujours, madame : vous nous rendrez l'article, s'il cesse de vous plaire." Et la femme, qui résistait, trouvait là une dernière excuse, la possibilité de revenir sur une folie : elle prenait, la conscience en règle. » Le commerce récent n'a décidément rien inventé !

La publicité, une véritable machine de guerre

« C'était un débordement d'étalages, le Bonheur des dames sautait aux yeux du monde entier, envahissait les murailles, les journaux, jusqu'aux rideaux des théâtres. » Catalogues, affiches, échantillons pour lesquels « on déchiquetait plus de cent mille francs d'étoffe », voitures publicitaires « jetant à la paix mystérieuse de la grande nature la réclame violente de leurs panneaux vernis ». Mouret utilise tous les supports, engloutissant des sommes phénoménales pour développer la notoriété de son magasin en province et à l'étranger. De fait, la vente par correspondance suit une courbe spectaculaire – à la fin du roman, le service, parfaitement organisé, compte 200 employés.

Sans oublier des opérations promotionnelles ingénieuses, comme les violettes blanches offertes aux clientes lors de la grande vente du blanc, qui, à la fin du livre, montre le génie de Mouret à son apothéose.

Une fois n'est pas coutume, un concurrent prend, lui aussi, une initiative commerciale inspirée, en faisant bénir par le curé son magasin nouvellement ouvert. « *Puis, il était surtout exaspéré de n'avoir pas eu une idée géniale de Bouthemont : ce bon vivant ne venait-il pas de faire bénir ses magasins par le curé de la Madeleine, suivi de tout son clergé ! une cérémonie étonnante, une pompe religieuse promenée de la soierie à la ganterie, Dieu tombé dans les pantalons de femme et dans les corsets ; ce qui n'avait pas empêché le tout de brûler, mais ce qui valait un million d'annonces, tellement le coup était porté sur la clientèle mondaine. Mouret, depuis ce temps, rêvait d'avoir l'archevêque !* » Ces messieurs les commerçants pratiquent le mélange des genres sans scrupules excessifs...

Un merchandising sans faille

Le merchandising est un autre domaine dans lequel le directeur du *Bonheur des dames* donne la mesure de son génie. On le voit ainsi, « *en proie à une crise d'inspiration* », bouleverser toute l'organisation du magasin à la veille d'une grande vente. Son idée révolutionnaire consiste à remplacer l'ordre logique par un désordre étudié, ce qui obligera les clientes à parcourir tous les rayons.

Enfin, l'aspect le plus célèbre du génie de Mouret est sans doute son talent pour les étalages. Dès les premières pages du livre, Denise, pauvre orpheline débarquant de Normandie, est prise de saisissement devant la splendeur des vitrines, qui se caractérisent par une extrême sensualité : « *Les dentelles avaient un frisson, retombaient et cachaient les profondeurs du magasin, d'un air troublant de mystère ; les pièces de drap elles-mêmes, épaisses et carrées, respiraient, soufflaient une haleine tentatrice ; tandis que les paletots se cambraient davantage sur les mannequins qui prenaient une âme, et que le grand manteau de velours se gonflait, souple et tiède, comme sur des épaules de chair, avec les battements de la gorge et le frémissement des reins.* »

Le « *premier étalagiste de Paris* » et ses employés composent de véritables œuvres d'art : chalet suisse fabriqué tout entier en gants, décor magique de tapis orientaux, débauche de couleurs des soieries – « *les clientes devaient avoir mal aux yeux* ». C'est dans ces descriptions que le romancier donne, lui aussi, le meilleur de son talent, par exemple dans l'exposition du blanc présentée dans l'extrait.

Séduire les femmes à tout prix

Si le temple de la consommation créé par Mouret donne l'impression d'une machine implacable, d'un piège fatal, ce dernier n'a pourtant rien d'un froid stratège. Au contraire, le jeune Provençal est mû tout entier par l'« *unique passion de vaincre les femmes* », et non par la cupidité ou la soif de reconnaissance sociale.

Cette quête inspire à Zola un florilège d'images puissantes et de formules choc. Les femmes sont « *pâles de désir* », il faut les « *allumer* », les « *exploiter* », créer une « *mécanique à manger les femmes* ».

À plusieurs reprises, le romancier établit un parallèle avec la conquête d'une maîtresse, dans laquelle se succèdent le désir, la possession sauvage et le mépris. « *Il ne pensait qu'à elle, cherchait sans relâche à imaginer des séductions plus grandes ; et, derrière elle, quand il lui avait vidé la poche et détraqué les nerfs, il était plein du secret mépris de l'homme auquel une maîtresse vient de faire la bêtise de se donner.* » Ou, plus loin : « *Tandis que la clientèle, dépouillée, violée, s'en allait à moitié défaite, avec la volupté assouvie et la sourde honte d'un désir contenté au fond d'un hôtel louche.* »

Cette rage de conquête porte ses fruits : totalement à la merci de Mouret, son « *peuple de femmes* » en vient à perdre la raison. On voit ainsi les clientes se livrer à de multiples scènes de cohue, de bousculade, d'hystérie collective, ou, pour reprendre un terme cher à Zola, d'« *écrasement* ».

Certaines en viennent même à adopter des comportements pathologiques. Madame Marty, acheteuse compulsive, mène son mari à la ruine. D'autres succombent au vol, telle l'arrogante comtesse de Boves, « *ravagée d'un besoin furieux, irrésistible* »... et interpellée avec quatorze mille francs de dentelle dissimulés sur tout le corps !

Le roman de Zola véhicule donc une image assez déplaisante des femmes : faibles, obsédées par le paraître et par l'envie de faire de « bonnes affaires », elles constituent des proies faciles. On en viendrait presque à comprendre les imprécations de certains moralistes de l'époque, qui reprochaient aux grands magasins de griser les femmes et de briser les ménages !

En somme, on aimerait en vouloir à Zola pour cette vision dépassée des femmes... mais on a bien du mal. Car le personnage de Denise constitue un contrepoint irrésistible à ce portrait collectif un peu méprisant. Courageuse, intelligente, clairvoyante et fière, elle possède toutes les qualités, et surtout celle de refuser les avances de Mouret. Elle accomplit ainsi la prophétie que son fidèle second avait annoncée au directeur : « *Il y en aura une qui vengera les autres.* »

Par vertu, et non par calcul, elle est « *la première qui ne cédait pas* », dans un contexte où règne un véritable droit de cuissage. Dévoré d'amour, Mouret en ressent un dépit et une souffrance insupportables : « *Régner sur un pareil monde et agoniser de douleur parce qu'une petite fille ne veut pas de vous !* » Le personnage principal du roman, c'est bien elle, la « *petite fille* » qui l'envoie promener alors même qu'il prétend les posséder toutes. Voilà notre mâle dominant à genoux, voilà les autres femmes vengées !

COMPRENDRE LA PSYCHOLOGIE DU CLIENT

Les Hommes de bonne volonté
JULES ROMAINS

Pour une présentation générale de l'œuvre, voir page 117.

L'essentiel, c'est que mes gaillards soient largement solvables. Facile à savoir quand j'aurai leurs noms. D'ailleurs ce sont des croyants, des pratiquants. Un pratiquant peut être crapule, mais jamais tout à fait de la même façon qu'un autre. Il porte cinq kilos de handicap.

Si les gars, après enquête, m'inspirent confiance, je dois me montrer beau joueur. Ne pas leur apparaître une seconde comme le monsieur qui abuse de la situation. Les lier par ma générosité, par ma confiance à moi. Créer entre eux et moi dès le début un ton de relations tel, qu'ils se sentent par la suite obligés de rester "chics". Les gens à moitié forts s'imaginent que le sentiment n'a rien à voir dans les affaires. Pardon. Ce qui n'a rien à y voir, ou pas grand'chose, ce sont les sentiments étrangers aux affaires. Je ne serrerai pas moins dur quelqu'un, parce que c'est un ancien camarade de régiment, ou parce qu'il a une gueule de pauvre type qui me fait pitié. Et encore. Mais le sentiment incorporé aux affaires, le sentiment dont on a réussi à imprégner chaque moment d'une affaire, vous parlez si ça compte. « M. Haverkamp s'est toujours montré si gentleman avec nous… Nous ne pouvons pas agir comme ça… De quoi aurions-nous l'air à ses yeux, si… » Comme cette pauvre poule de café, il y a trois ans, que j'avais fait semblant de prendre pour une femme honnête. Pour rien au monde, elle n'aurait voulu me désillusionner, rompre le charme. Elle y tenait bien plus qu'à une pièce de vingt francs. C'est ça qui l'aurait […]

blessée ! Au bout de trois semaines, je lui ai offert une robe. Comme elle était maigre du côté des omoplates ! Évidemment, ça suppose une certaine moralité. Une autre en aurait peut-être profité pour se dire : « Quel ballot ! » et me refaire ma montre. Mais je ne vois pas pourquoi des catholiques, pratiquants et millionnaires, n'auraient pas autant de moralité qu'une poule.

© *Les Hommes de bonne volonté*, Jules Romains, Flammarion, 1958

Si Haverkamp, le personnage d'entrepreneur créé par Jules Romains, crée un empire financier international à partir de rien, c'est avant tout grâce à son génie pour la relation commerciale. Ayant fait de la satisfaction du client l'alpha et l'oméga de sa stratégie, il met tout son talent au service de cet objectif. As des techniques de vente et maître dans l'art de convaincre, il est, aussi et surtout, un fin connaisseur de la psychologie humaine. Cette compréhension de l'autre lui permet d'adapter son discours, de séduire, et, au final, de toujours emporter l'adhésion de ses clients.

Satisfaire le client : une religion

« *Pouvoir traiter le client et le renseigner, comme j'aurais souhaité l'être quand j'entrais ici ou là.* » La maxime que se fixe l'agent immobilier en lançant son affaire est à la fois simple et exigeante. On peut y voir une transposition de la règle de conduite fixée par l'évangile : « *Tout ce que vous voulez que les hommes fassent pour vous, faites-le de même pour eux.* » Autrement dit, la satisfaction du client a valeur de religion pour l'homme d'affaires.

Haverkamp décline d'abord cette règle d'or du point de vue de l'accueil du client : « *Lui donner l'impression que d'abord on désire le satisfaire, pour qu'il n'ait pas à regretter son dérangement ; que la première récompense qu'on attend de lui, c'est son estime ; qu'il sera toujours temps de parler de rémunération. Éviter que, dès les premiers mots, l'idée de la commission à verser n'apparaisse braquée sur le client comme un pistolet.* »

Il en tire également les conséquences au moment d'élaborer son offre de services. Cette dernière repose sur un système d'informations rigoureux, destiné à apporter des conseils sérieux et professionnels au client qui n'a pas d'idée précise sur ce qu'il recherche. Alors que chez les concurrents, on le « *harcèle de questions* », chez Haverkamp, « *il se sent pris et guidé par une main douce* ».

Ce positionnement fondé sur un service à forte valeur ajoutée se démarque de la médiocrité ambiante, qu'Haverkamp a observée lors de son étude de concurrence. Au-delà du secteur de l'immobilier, le créateur d'entreprise déplore l'absence de sens du service et de conscience professionnelle qui prévaut dans bien des professions, et notamment dans celles du bâtiment.

« *Il faut insister, supplier, se fâcher. Et rien n'est prêt à l'heure dite. Ils n'ont même pas l'excuse d'une franche paresse. Non. Ils gaspillent le temps. Ils ne savent pas s'organiser. Ils s'affairent de droite et de gauche, au hasard des circonstances. C'est le dernier qui les a saisis par le pan de la veste qui est servi. Et mal servi. [...] En France, vous ne pouvez pas vous en remettre entièrement à quelqu'un même du soin d'enfoncer un clou dans un mur. Vous serez obligé de revenir sur place, de dire deux ou trois fois bien poliment : "Vous pensez à mon clou ?" ; et quand le clou y sera, revenez encore, parce qu'il y a neuf chances sur dix pour qu'il soit planté de travers, ou pour qu'il vous reste dans la main quand vous y toucherez.* »

Exaspéré par ce mélange d'amateurisme et d'indifférence, Haverkamp adopte la position opposée, veillant à ce que le client soit toujours traité avec la plus grande considération.

As en techniques de vente

Ce respect sincère n'empêche pas l'homme d'affaires d'utiliser, à ses débuts, certaines ficelles commerciales assez grossières. On le voit dans une scène très drôle, où le nouvel agent immobilier, pour impressionner ses prospects, met en scène des appels imaginaires de la part de clients importants. « *Comtesse* », « *Président* », « *conseiller* » : Haverkamp n'y va pas de main morte pour donner l'impression qu'il fraie avec les grands de ce monde.

Mais on lui pardonne volontiers, d'une part parce qu'il n'a nulle intention d'escroquer ceux qu'il tente ainsi d'attirer dans ses filets, d'autre part parce qu'il répugne à ces petites manigances, mal nécessaire, au départ, mais qui ne correspond pas à son éthique du commerce. *« Haverkamp ne se faisait pas d'illusions sur la médiocrité de cette comédie. Mais il la croyait nécessaire, pour les débuts, au même titre qu'une publicité de lancement. »*

Au cours d'un entretien avec un prospect important, on voit également le chef d'entreprise répéter mot pour mot ce que dit son interlocuteur : *« Une des formes de la politesse de Haverkamp envers ses clients était d'user pour leur répondre, quand il était à peu près du même avis qu'eux, des mots mêmes dont ils s'étaient servis. Il jugeait inutile, pour une nuance, de détruire l'illusion si agréable, et si favorable aux affaires, d'un complet accord de pensées. »* Si le procédé n'est pas très original, le commentaire du romancier est étonnant. Pour lui, ce n'est pas une marque d'hypocrisie, de cynisme ou de calcul ; au contraire, c'est une *« habileté naturelle »*, qui dénote un *« manque général de mesquinerie »*. En reprenant tels quels les mots du client, l'homme d'affaires montre qu'il n'a pas besoin de se mettre en avant constamment – un comportement de gentleman.

Maître en l'art de convaincre

Autre aspect dans lequel notre commercial excelle : l'art de la persuasion. Sur ce point, la présentation de son projet de ville thermale à une assemblée d'investisseurs potentiels est une leçon à la fois magistrale et d'une grande drôlerie.

Ayant rassemblé d'importants capitalistes dans l'espoir de constituer son tour de table, Haverkamp ne cède pas à la tentation de minimiser les risques de cette affaire énorme : *« Sa façon à lui de donner courage devant l'obstacle, ce n'était pas d'affirmer aux gens qu'il était tout petit, c'était de créer en eux une excitation, une impatience, en leur faisant imaginer, jusqu'à la hantise, les moindres mouvements qui les amèneraient à le franchir. »*

Avant même le début de la réunion, il a défini avec soin le ton à adopter : « *S'exprimer avec élégance ; renoncer aux effets de persuasion facile et à la moindre apparence d'exagération ; ne point avoir l'air non plus de l'homme qui joue son va-tout.* »

Cette sobriété toute relative s'accompagne d'une excellente préparation de son dossier. La pièce maîtresse en est une lettre de l'académicien Ducatelet, « *la plus haute autorité scientifique en la matière* », dans laquelle ce dernier déclare : « *Je ne serais pourtant pas étonné si cette source se révélait à l'usage comme d'une efficacité non négligeable pour combattre l'encrassement organique et les manifestations très variées qui s'y rattachent.* » Haverkamp revient quelques minutes plus tard sur ce concept prometteur – qui, au passage, a pris une majuscule ! « *Haverkamp laissa ses auditeurs en proie, une minute, à l'idée de l'Encrassement organique, et du Désencrassement. C'était une de ces idées auxquelles on peut faire confiance pour envahir les esprits. Chacun de ces messieurs perçut nettement la crasse intérieure de ses organes, et le bien-être que ce serait de faire circuler à travers tout cela une chasse d'eau appropriée.* »

À la fin d'une présentation remarquable, qui comporte une expertise scientifique, des estimations du coût des travaux et la présentation d'options d'achats brillamment négociées sur la source et les terrains avoisinants, le héros du jour a la finesse de s'éclipser quelques minutes, prétextant un appel urgent. « *Ceux des assistants qui avaient à faire des objections les formuleraient avec plus de liberté. Les partisans qu'il avait dans l'auditoire seraient plus libres de leur côté pour faire son éloge ; et comme ils seraient amenés eux-mêmes à trouver les réponses aux critiques, ils les jugeraient bien meilleures et y tiendraient bien plus fermement.* » Stratégie habile ; de fait, quand Haverkamp revient dans la salle, sa cause est gagnée.

Connaître les hommes

Le talent de négociateur d'Haverkamp est indissociable de ses capacités d'adaptation, qui lui permettent de traiter aussi bien avec des paysans qu'avec de puissants industriels.

Lors de l'extrait présenté, il met au point sa stratégie vis-à-vis de riches capitalistes catholiques dont il vient de faire la connaissance – ce sont eux qui apporteront quelques mois plus tard un soutien décisif à son projet de ville d'eau. Le texte souligne qu'Haverkamp a parfaitement cerné les attentes de ces clients bien particuliers, en l'occurrence le sérieux, la discrétion, et une certaine forme de « classe ». Conscient de l'importance primordiale de la psychologie dans une négociation, le brillant homme d'affaires décide d'initier un mode relationnel qui va colorer toute la suite. Sa réflexion sur le rôle des sentiments est d'une grande perspicacité. Certes, il ne faut pas mêler la vie privée avec les affaires ; en revanche, il est absurde de penser que les sentiments n'ont pas de place dans ces dernières.

Toujours dans la perspective de créer une relation de confiance avec ses partenaires, l'entrepreneur ira un cran plus loin en se contentant de leur parole sur une grosse affaire, prenant au passage un risque financier considérable. Ce mélange génial de calcul, de panache et de vraie générosité est le coup de génie qui fera pencher la balance en sa faveur. « *Cette intrusion du chevaleresque dans un ordre de choses où tout n'est d'ordinaire que méfiance, précautions pesées jusqu'à la syllabe et à la virgule, sonnait soudain comme dans une boutique les éperons d'un prince déguisé en marchand.* » Au final, l'établissement de cette relation privilégiée avec ces riches investisseurs constituera l'une des pièces maîtresses de sa réussite.

Habile psychologue, Haverkamp n'ignore rien des faiblesses humaines et n'hésite pas à en faire usage dans ses négociations. Reste que sa confiance et son absence de mesquinerie sont communicatives : son regard bienveillant et optimiste sur ses partenaires commerciaux tire ces derniers vers le haut, les amenant non seulement à signer les contrats, mais aussi à donner le meilleur d'eux-mêmes.

LE GÉNIE DE LA VENTE

La Promesse de l'aube
ROMAIN GARY

Chef-d'œuvre de la littérature du XXᵉ siècle, *La Promesse de l'aube* est avant tout le portrait bouleversant de la mère de Romain Gary, personnage inoubliable par l'amour sans limites qu'elle porte à son fils. C'est cet amour qui donne au roman son titre : « *Avec l'amour maternel, la vie vous fait à l'aube une promesse qu'elle ne tient jamais. On est obligé ensuite de manger froid jusqu'à la fin de ses jours.* » Cette mère extraordinaire, à la fois possessive, envahissante et magnifique, prédit à son fils un destin exceptionnel de diplomate et d'écrivain – il remportera deux fois le prix Goncourt et sera consul de France…

Centré sur la puissance presque surnaturelle de l'amour maternel, le récit comporte aussi des pages réjouissantes sur les talents commerciaux de cette femme prête à tout pour gagner sa vie et celle de son fils adoré. En Pologne orientale, à Varsovie, puis enfin à Nice, où elle débarque sans le sou, elle fait preuve, dans ses affaires, d'un incroyable cocktail de naïveté, d'aplomb et de ruse.

Avec son mélange unique d'humour et de sensibilité, qui fait constamment passer le lecteur du rire aux larmes, Romain Gary atteint ici le sommet de son art.

> Je dois dire que, même dans une petite ville comme Wilno, dans cette province ni lituanienne, ni polonaise, ni russe, où les photographies de presse n'existaient pas encore, la ruse que ma mère imagina était singulièrement osée et eût fort bien pu nous expédier une fois de plus sur la grand-route, avec notre baluchon.
>
> Bientôt, en effet, un faire-part informait "la société élégante" de Wilno, que M. Paul Poiret lui-même, venu tout spécialement de Paris, allait inaugurer les salons de « Haute Couture Maison Nouvelle », 16, rue de la Grande-Pohulanka, à quatre heures de l'après-midi.
>
> […]

Ainsi que je l'ai dit, ma mère, lorsqu'elle avait pris une décision, allait toujours jusqu'au bout, et même un peu plus loin. Le jour convenu, alors qu'une foule de belles dames grasses se pressait dans l'appartement, elle n'annonça pas que « Paul Poiret, empêché, nous prie de l'excuser ». Ce genre de petite habileté n'était pas dans sa nature. Décidée à frapper un grand coup, elle produisit M. Paul Poiret en personne.

Au temps de sa "carrière théâtrale", en Russie, elle avait connu un acteur-chanteur français, un de ces éternels errants des tournées périphériques, sans talent et sans espoir, un dénommé Alex Gubernatis. Il végétait alors vaguement à Varsovie, où il était devenu perruquier de théâtre, après avoir resserré de plusieurs crans la ceinture de ses ambitions, en passant d'une bouteille de cognac par jour à une bouteille de vodka. Ma mère lui envoya un billet de chemin de fer et, huit jours plus tard, Alex Gubernatis incarnait dans les salons de « Maison Nouvelle », le grand maître de la Haute Couture parisienne, Paul Poiret. Il donna à cette occasion le meilleur de lui-même. Vêtu d'une incroyable pèlerine écossaise, d'un pantalon à petits carreaux affreusement collant qui révélait, lorsqu'il se courbait pour baiser la main de ces dames, une petite paire de fesses pointues, une cravate Lavallière nouée sous une pomme d'Adam démesurée, il allongeait, vautré dans un fauteuil, des jambes interminables sur le parquet fraîchement ciré, un verre de mousseux à la main, évoquant d'une voix de fausset les grandeurs et ivresses de la vie parisienne, citant les noms des gloires depuis vingt ans disparues de la scène, passant de temps en temps dans sa moumoute des doigts inspirés, comme une sorte de Paganini du cheveu. Malheureusement, vers la fin de l'après-midi, le mousseux faisant son œuvre, ayant réclamé le silence, il commença par réciter à l'assistance le deuxième acte de *L'Aiglon*, après quoi, la nature reprenant le dessus, il se mit à glapir d'une voix affreusement enjouée des fragments de son répertoire de caf' conc', dont le refrain intéressant et quelque peu énigmatique est resté dans ma mémoire : « Ah ! Tu l'as voulu tu l'as voulu, tu l'as voulu – Tu l'as bien eu, ma Pomponnette ! », ponctué d'un claquement du talon et de ses doigts osseux, et d'un clin d'œil particulièrement fripon adressé à la femme du chef de l'orchestre municipal. À ce moment-là, ma mère jugea plus prudent de l'emmener dans la chambre d'Aniela où il fut allongé sur le lit et enfermé à double tour ; le soir même, avec sa pèlerine écossaise et son âme d'artiste bafoué, il reprenait le train pour Varsovie, protestant avec véhémence contre une telle ingratitude et une telle incompréhension des dons dont le ciel l'avait comblé.

© *La Promesse de l'aube*, Romain Gary, Gallimard, 1960

Bien sûr, le récit de la supercherie imaginée par la mère de Romain Gary pour parachever le lancement de sa maison de couture est avant tout d'une grande drôlerie : comique de situation, personnage ridicule, basculement dans le burlesque lorsque le faux Paul Poiret, ivre mort, menace de faire écrouler la géniale trouvaille. Dans cet épisode, la mère, « *qui ne faisait jamais les choses à demi* », donne la mesure de son extravagance et de son culot – on perçoit aussi le plaisir immense que cette ancienne actrice de théâtre prend à cette petite pièce de sa composition. Mais au-delà de son aspect comique, la scène révèle également, chez le personnage, des compétences en marketing dignes du meilleur chef d'entreprise.

Une création d'événement géniale

L'opération est en effet une « création d'événement » habile, qui dénote une excellente compréhension du marché du luxe. Vendre du luxe, c'est vendre du rêve : les adjectifs « *merveilleux* », « *magique* », « *inspiré* », « *artistique* » utilisés par Romain Gary montrent que sa mère l'a parfaitement perçu. Malgré la médiocrité de celui qui tient le rôle-titre, l'opération sera un succès éclatant. Après cette démonstration de force, la Maison Nouvelle voit affluer toute la riche clientèle et affirme son règne sur la mode locale.

Cette compréhension de la psychologie des clientes se confirme un peu plus tard, au moment où les finances de la maison de couture se retrouvent fragilisées par les traitements coûteux que la mère de Romain Gary a dû payer pour son fils malade. « *Dans le snobisme capricieux qui pousse la clientèle à accorder ses faveurs à une maison de couture, le succès joue un rôle essentiel : au moindre signe de difficultés matérielles, ces dames font la moue, s'adressent ailleurs, ou s'appliquent à vous arracher un prix de plus en plus bas, accélérant ainsi le mouvement jusqu'à la chute finale.* » Cette stratégie de maintenir coûte que coûte une apparence de prospérité ne suffira finalement pas à sauver les meubles, mais elle n'en est pas moins judicieuse.

On trouve une autre illustration de cette perspicacité commerciale quelques années plus tard, à Nice, lorsque notre entrepreneuse se fait accompagner, dans sa vente d'antiquités en porte-à-porte, par un authentique grand-duc russe – de nombreux aristocrates russes émigrés résident alors sur la Côte d'Azur. « *Le "prince sérénissime" devant les acheteurs éventuels, devenait si gêné, si malheureux et se taisait d'un air si coupable, lorsque ma mère leur décrivait longuement son degré exact de parenté avec le Tsar, le nombre de palais qu'il avait en Russie et les liens étroits qui l'unissaient à la Cour d'Angleterre, que les clients avaient tous le sentiment de faire une belle affaire et d'exploiter un être sans défense et ils concluaient presque toujours le marché.* » L'observation est un peu cruelle mais bien vue : les clients n'achètent pas un objet mais l'agréable conviction qu'ils font une bonne affaire.

Le commerce est avant tout une relation humaine

L'opération Paul Poiret présentée dans l'extrait montre aussi que la créativité commerciale peut représenter une forme de revanche sur le destin. Au-delà de ses retombées publicitaires espérées, cette mise en scène vise à donner à l'existence de cette femme le brio qu'elle n'aura jamais, offrant ainsi l'illusion fugace de rétablir une certaine justice. « *Ma mère rêva toute sa vie de quelque démonstration souveraine et absolue, d'un coup de baguette magique, qui confondrait les incrédules et les narquois, et viendrait faire régner partout la justice sociale sur les humbles et les démunis.* »

En somme, si le commerce est un jeu, une ruse, une supercherie, il est aussi une affaire plus grave. Tout simplement parce qu'il est d'abord une relation humaine, dans laquelle chacun conserve ses rêves, ses aspirations, ses qualités, ses défauts, et, surtout, ses responsabilités d'être humain, pour le meilleur et pour le pire.

C'est pourquoi, des années après, Romain Gary conserve une violente rancœur contre les clientes de sa mère, qui, après la faillite de la maison de couture, se sont mises à détourner la tête en la croisant dans la rue, à la fois pour marquer leur mépris et pour éviter de régler leurs dettes.

À l'intensité de cette haine répond une tendresse immense à l'égard de ceux qui révèlent leur générosité en sachant sortir du rôle imposé par leur fonction. Une des scènes les plus belles du livre montre un Romain Gary étudiant, fauché et affamé, dérober des croissants au comptoir d'un café.

« – Combien je vous dois ?

– Combien de croissants ?

– Un, dis-je.

Le garçon regarda la corbeille presque vide. Puis il me regarda. Puis il regarda de nouveau la corbeille. Puis il hocha la tête.

– Merde, dit-il. Vous charriez, tout de même.

– Peut-être deux, dis-je.

– Bon, ça va, on a compris, dit le garçon. On n'est pas bouché. Deux cafés, un croissant, ça fait soixante-quinze centimes.

Je sortis de là transfiguré. Quelque chose chantait dans mon cœur : probablement les croissants. »

Encouragé par cette mansuétude, le jeune homme reviendra régulièrement manger des croissants à l'œil, devant un serveur bougon mais résigné à lui consentir cette *« sorte de bourse d'études »* incongrue. À la différence du garçon de café de Sartre ou des commerçants d'Annie Ernaux, ce serveur-là ne disparaît pas dans sa fonction ; il conserve, au contraire, tout son libre arbitre dans l'exercice de son métier. Lorsqu'un individu enfile son tablier, sa cravate ou son bleu de travail, il garde toute son humanité : la comédie de la vente ne dédouane personne de ses responsabilités d'homme et de femme. Avec son extrême sensibilité, Romain Gary saisit la vérité des êtres humains derrière leur masque social. C'est aussi ce qui rend ses livres si bouleversants.

LA COMÉDIE DU COMMERCE

Journal du dehors
ANNIE ERNAUX

Pour une présentation générale de l'œuvre, voir page 53.

> Maintenant, il y a un clochard qui fait régulièrement la manche dans le R.E.R., entre Cergy et Paris. Sa technique est celle de l'aveu : « Je ne suis pas un voleur, un assassin, je suis un clochard ! » puis « donnez-moi un peu de sous pour que je puisse manger et aussi boire un petit coup ». (Dire « je suis sans travail » attire immédiatement la suspicion des gens, leur irritation, il n'a qu'à en chercher, etc.) Il annonce : « Je vais passer parmi vous, donnez-moi une petite pièce, les grosses aussi sont acceptées. » L'humour plaît, les gens rient. Il reçoit beaucoup d'argent, crie d'une voix tonitruante « bonnes vacances et bonne journée » et à ceux qui ne donnent rien « petites vacances et petite journée ». Rieurs de son côté. En descendant, il hurle « bon, eh bien, à demain ». Le wagon s'esclaffe. Excellence de cette stratégie où les places sont respectées : je suis clodo, je bois et je ne travaille pas, tout le contraire de vous. Il ne dénonce pas la société mais la conforte. C'est le clown, qui met une distance artistique entre la réalité sociale, misère, alcoolisme, à laquelle il renvoie par sa personne, et le public-voyageur. Rôle qu'il joue d'instinct avec un immense talent.

© *Journal du dehors*, Annie Ernaux, Gallimard, 1993

C'est vrai, les mendiants ne sont pas inscrits au Registre du commerce, et les termes de « relation client » ou de « techniques de vente » sont inhabituels lorsqu'on parle de cette population. Néanmoins, comme le montre Annie Ernaux dans l'extrait présenté ici, faire la manche est pour certains une profession associée à un indéniable savoir-faire. Sous ses dehors de bouffon, le clochard décrit par la romancière est passé maître en stratégie commerciale. Il a en effet parfaitement compris la psychologie des « clients » que sont les passagers du R.E.R., et a su, sous ses dehors de sincérité, adapter son comportement en conséquence.

La stratégie commerciale du mendiant

Premier constat, pour s'attirer la bienveillance des voyageurs, il vaut mieux les faire rire que les faire pleurer. C'est bien vu : ces passagers soumis à de longs trajets quotidiens, avec la cohue et la fatigue qui vont souvent de pair, lui sont reconnaissants de ce moment de bonne humeur – là où une nième complainte leur rappelant la dureté de l'existence les aurait probablement excédés. « *Le wagon s'esclaffe* », écrit Annie Ernaux, et l'on comprend que partager un éclat de rire avec ses voisins, dans ce contexte morose où chacun est plongé dans son demi-sommeil, dans son livre, dans sa musique, ou dans ses pensées, ce n'est pas rien, décidément. Rien que pour cela, les pièces, grosses ou petites, qui lui sont données, semblent bien méritées.

Deuxième point, il faut rassurer et flatter ces passagers, en jouant les faire-valoir. Lorsque les mendiants dénoncent une société qui les a menés à la misère, les passagers ont tendance à prendre cette critique pour eux et peuvent la percevoir comme une tentative de culpabilisation. Ce clochard-là, au contraire, a le bon goût de feindre d'avoir choisi sa place. Ainsi, les gens « normaux » sont confortés non seulement dans l'idée que leur propre sort est plus enviable que le sien, mais aussi dans la conviction rassurante que leurs places ne sont pas interchangeables. Non, décidément, cet homme goguenard qui boit et ne travaille pas ne leur ressemble en rien.

Autre preuve de la perspicacité du mendiant, il interprète cette comédie parfaitement étudiée sous un masque de sincérité. « *Sa technique est celle de l'aveu* », explique Annie Ernaux. Autrement dit, contrairement à d'autres, il ne fait pas croire qu'il cherche du travail ou qu'il a trois enfants à nourrir (ce qui est peut-être le cas d'ailleurs). À la place, il s'est créé un rôle de clochard « à l'ancienne » bien plus efficace. Rien à voir avec le jeune évoqué plus loin dans le livre, qui opte, lui, pour une sincérité teintée de cynisme : « *Vous n'auriez pas deux francs pour que j'aille me saouler la gueule ?* » On imagine que cette technique-là ne doit pas être très efficace.

Cette représentation donnée dans le R.E.R. paraît plutôt innocente puisque tout le monde en ressort content. Le mendiant a la poche bien pleine et la satisfaction du travail bien fait, les passagers sont de bonne humeur et rassurés sur eux-mêmes, et ceux qui ont donné ont l'agréable sentiment d'avoir fait une bonne action. En somme, toutes les parties de la transaction sortent gagnantes.

On peut faire le même constat lors d'une autre scène de mendicité décrite dans le livre, cette fois avec un aveugle, dans la gare Saint-Lazare. « *Contre une pièce à un pauvre propre et digne, aux chansons d'hier, des remerciements publics et l'espérance de se concilier la faveur du destin toute la journée. C'est sans doute le pauvre du métro qui reçoit le plus d'argent.* » Outre un « positionnement commercial » différent, ce qui distingue cette scène de la précédente est que la désapprobation légèrement méprisante d'Annie Ernaux est plus perceptible. Non pas à l'égard de celui qui réclame mais de celui qui donne, à la fois parce qu'il s'achète une bonne conscience et parce qu'il choisit un pauvre « *propre et digne* ». Vaut-il mieux donner aux pauvres « *propres et dignes* » ou ne donner à personne ? La question reste ouverte...

Un regard peu amène sur les commerçants

La vente prend un jour encore plus sombre dans d'autres scènes saisies dans la vie quotidienne de l'écrivain, cette fois chez des commerçants patentés.

Le couple de bouchers de Cergy-Village observé dans sa boutique bondée paraît ainsi extrêmement antipathique. Qu'ils jouent leur rôle de bouchers, tout comme les coiffeurs jouent leur rôle de coiffeurs (voir chapitre 2), passe encore ! De nombreux écrivains considèrent la vie au travail comme une pièce de théâtre dans laquelle chacun récite le texte qui lui est attribué, et les commerçants sont tout particulièrement assujettis à cette règle. Mais le rôle que jouent les bouchers, sans même en avoir conscience, est triste. On est bien loin du Haverkamp de Jules Romains, qui compose avec jubilation son personnage d'agent immobilier, dont il est à la fois créateur, metteur en scène et interprète. Les personnages joués par les bouchers sont étriqués, intolérants et prompts à cataloguer les personnes qui franchissent le seuil de leur boutique. Seules trouvent grâce à leurs yeux celles qui endossent le rôle des « bons clients », miroirs à leur propre rôle de « bons bouchers » et, à ce titre, dignes de leur donner la réplique. Pour les autres, les acheteurs occasionnels ou les célibataires qui se contentent d'un steak haché ou d'une tranche de jambon, ils n'ont que mépris. Tout simplement parce qu'ils « *déméritent d'un certain ordre social* ».

Ce thème est repris dans une autre scène, au cours de laquelle une femme noire en boubou entre chez Hédiard. « *Immédiatement, l'œil de la gérante se transforme en couteau, surveillance sans répit de cette cliente qu'on soupçonne en plus de s'être trompée de magasin, qui ne sent pas qu'elle n'est pas à sa place.* »

En somme, les commerçants décrits par Annie Ernaux sont tout prêts à jouer leur rôle, mais la moindre des choses est que les autres jouent aussi le leur, autrement dit qu'ils restent bien à leur place et n'aillent pas s'aventurer sur des territoires réservés à d'autres. En l'occurrence, ces autres-là sont les nantis, une figure très présente dans l'œuvre d'Annie Ernaux. Ces derniers sont non seulement intolérants, mais aussi dotés d'un appétit féroce et toujours enclins à exhiber leur richesse.

De même que chez les petits commerçants, les rapports humains présents dans la grande distribution sont vus de façon très pessimiste. Le livre comporte plusieurs scènes qui se déroulent au supermarché – et c'est tant mieux car ce lieu de vie central de notre société contemporaine trouve rarement place dans les œuvres littéraires. À chaque fois, le sort des caissières y est dépeint de façon peu enviable.

Un épisode montre ainsi une caissière âgée qui s'est trompée à deux reprises en tapant le prix des articles. La cliente signale ces erreurs, sans agressivité mais sans aménité. « *La petite femme attend son dû, sans expression sous ses cheveux bien coiffés.* » Quant à la surveillante, venue corriger la mauvaise manipulation, elle ne manque pas de souligner publiquement la faute à plusieurs reprises. « *La vieille caissière, qui s'est remise à taper sans un mot, n'est qu'une main qui ne doit pas se tromper, ni au profit de l'un, ni au profit de l'autre.* »

Dans une autre scène, c'est une jeune caissière qui parle et rit avec d'autres filles. « *Réprobation visible des clients de la file. On voit clairement qu'elle n'a rien à faire de nous, elle tape les produits, un point c'est tout. On lui en veut de ce dévoilement.* » Une scène qui contredit un peu la précédente : les clients attendent non seulement des caissières qu'elles soient infaillibles comme des robots, mais aussi qu'elles simulent un minimum de plaisir à partager leur compagnie... Le cahier des charges s'alourdit : décidément, la vente n'est pas une partie de plaisir !

La possession d'un objet comme accès au bonheur

Dans cette vision très sombre du commerce, la seule note positive est qu'il procure aux clients le plaisir, authentique, de la possession.

Bien sûr, les besoins créés par la société de consommation et la publicité sont illusoires. L'auteur se dépeint elle-même errant dans les grands magasins du boulevard Haussmann, saisie d'une « *suite de désirs qui naissent et qui meurent* », « *en proie à une attaque de couleurs, de formes* ». C'est seulement une fois libérée de ce cadre envahissant qu'elle retrouve sa lucidité : « *Ressortir sur le pavé humide et noir du boulevard et s'apercevoir qu'au fond on n'avait pas besoin de pull ou de robe, ni de rien. »*

N'empêche, même si les besoins nés de la manipulation commerciale sont factices, le plaisir de la possession, lui, est authentique. Ainsi, la petite fille de trois ou quatre ans vue dans le R.E.R., avec ses lunettes de soleil et son petit panier, ressent « *le bonheur absolu d'arborer les premiers signes de "dame" et celui de posséder des choses désirées* ». Plus loin, toujours dans le R.E.R., c'est une jeune fille qui déballe un chemisier et des boucles d'oreille qu'elle vient d'acheter. « *Elle les regarde, les touche. Scène fréquente. Bonheur de posséder quelque chose de beau, désir de beauté réalisé. Lien aux choses si émouvant.* »

« *Bonheur* », « *beauté* », « *absolu* », « *désir* », « *émotion* », Annie Ernaux n'hésite pas à utiliser des mots forts. Elle n'accorde aucune importance à la valeur marchande ou esthétique « objective » des objets, puisque seule compte la relation personnelle qu'entretient avec eux celui qui vient d'en faire l'acquisition. Le jugement critique qu'elle porte sur la relation commerciale – commerçants mesquins, caissières méprisées, clients manipulés – laisse place à une tendresse inattendue pour ces acheteurs apaisés d'avoir assouvi leur désir. Dans l'œil devenu bienveillant de l'écrivain, l'acte d'achat n'est pas futile, il est un accès, même fugace, à un sentiment pur, grave et vrai : le bonheur, tout simplement. Le commerce est une tromperie, mais il n'est pas que cela.

LE TEMPS DU MÉPRIS

Extension du domaine de la lutte

Michel Houellebecq

Pour une présentation générale de l'œuvre, voir page 59.

Six personnes sont maintenant réunies autour d'une table ovale assez jolie, probablement en simili-acajou. Les rideaux, d'un vert sombre, sont tirés ; on se croirait plutôt dans un petit salon. Je pressens subitement que la réunion va durer toute la matinée.

Le premier représentant du ministère de l'Agriculture a les yeux bleus. Il est jeune, a de petites lunettes rondes, il devait être étudiant il y a encore peu de temps. Malgré sa jeunesse, il donne une remarquable impression de sérieux. Toute la matinée il prendra des notes, parfois aux moments les plus inattendus. Il s'agit manifestement d'un chef, ou du moins d'un futur chef.

Le second représentant du ministère est un homme d'âge moyen, avec un collier de barbe, comme les précepteurs sévères du *Club des Cinq*. Il semble exercer un grand ascendant sur Catherine Lechardoy, qui est assise à ses côtés. C'est un théoricien. Toutes ses interventions seront autant de rappels à l'ordre concernant l'importance de la méthodologie et, plus généralement, d'une réflexion préalable à l'action. En l'occurrence je ne vois pas pourquoi : le logiciel est déjà acheté, il n'y a plus besoin de réfléchir, mais je m'abstiens de le dire. Je sens immédiatement qu'il ne m'aime pas. Comment gagner son amour ? Je décide qu'à plusieurs reprises dans la matinée j'appuierai ses interventions avec une expression d'admiration un peu bête, comme s'il venait soudain de me révéler d'étonnantes perspectives, pleines de sagesse et d'ampleur. Il devrait normalement en conclure que je suis un garçon plein de bonne volonté, prêt à m'engager sous ses ordres dans la direction juste.

[...]

159

Le troisième représentant du ministère est Catherine Lechardoy. La pauvre a l'air un peu triste, ce matin ; toute sa combativité de la dernière fois semble l'avoir abandonnée. Son petit visage laid est tout renfrogné, elle essuie régulièrement ses lunettes. Je me demande même si elle n'a pas pleuré ; je l'imagine très bien éclatant en sanglots, le matin au moment de s'habiller, seule.

Le quatrième représentant du ministère est une espèce de caricature du socialiste agricole : il porte des bottes et une parka, comme s'il revenait d'une expédition sur le terrain ; il a une grosse barbe et fume la pipe ; je n'aimerais pas être son fils. Devant lui sur la table il a ostensiblement posé un livre intitulé : « La fromagerie devant les techniques nouvelles ». Je n'arrive pas à comprendre ce qu'il fait là, il ne connaît manifestement rien au sujet traité ; peut-être est-il un représentant de la base. Quoi qu'il en soit il semble s'être donné pour objectif de tendre l'atmosphère et de provoquer un conflit au moyen de remarques répétitives sur "l'inutilité de ces réunions qui n'aboutissent jamais à rien", ou bien sur « ces logiciels choisis dans un bureau du ministère et qui ne correspondent jamais aux besoins réels des gars, sur le terrain ».

© *Extension du domaine de la lutte*, Michel Houellebecq,
Éditions Maurice Nadeau, 1994

Le premier roman de Houellebecq comporte de nombreuses scènes de rencontres entre le narrateur, jeune analyste-programmeur dans une société informatique, et ses clients. En l'occurrence, il s'agit du personnel du ministère de l'Agriculture, qu'il doit former à un progiciel de gestion des aides publiques.

Si, dans certaines œuvres anciennes, il arrive que le client soit considéré comme un nigaud dont il faut tirer le maximum, le roman de Houellebecq donne l'impression d'un mépris permanent. Les clients sont des zéros, face à qui il ne s'agit pas d'élaborer des stratégies commerciales mais bien de trouver le moyen de les faire taire. La relation client façon Houellebecq, c'est une mascarade qu'il faut abréger au maximum, et subir avec courage en attendant que ça passe.

La relation commerciale est une corvée

« *Le premier représentant du ministère de l'Agriculture* », « *Le second représentant du ministère de l'Agriculture* », « *Le troisième représentant du ministère de l'Agriculture* », « *Le quatrième représentant du ministère de l'Agriculture* » : dans l'extrait présenté, l'emploi de la même expression pour introduire chaque participant de la réunion donne l'impression d'une énumération pénible, d'un défilé laborieux, bref, d'un ennui profond – état d'esprit dont le narrateur ne se départit jamais.

C'est peut-être cet ennui, mêlé d'abattement et de paresse, qui l'amène à limiter ses descriptions à quelques attributs sommaires, réduisant ainsi les clients à des stéréotypes : petites lunettes rondes pour l'intellectuel, collier de barbe pour le théoricien, visage laid pour la vieille fille condamnée à un célibat perpétuel, bottes et parka pour l'homme de terrain. On peut faire l'hypothèse qu'un observateur moins blasé trouverait chez ces hommes et ces femmes des traits plus singuliers et moins attendus, mais le narrateur est à la fois caustique et dépourvu de curiosité à leur égard. On est bien loin des longs monologues intérieurs du Haverkamp inventé par Jules Romains, qui analyse avec jubilation la psychologie de ses clients pour s'y adapter au mieux !

Tout en permettant de visualiser immédiatement les personnages, ces clichés ont aussi un puissant effet comique, renforcé par la retranscription directe des associations d'idées plus ou moins saugrenues qui se forgent dans la tête du narrateur. Tout au long du livre, on retrouve cette juxtaposition d'éléments descriptifs factuels et de remarques personnelles, qui crée des liens de causalité d'autant plus drôles qu'ils restent implicites.

Au-delà de leurs apparences distinctes, les quatre représentants du ministère de l'Agriculture ont en commun une incompétence sans appel. Entre des clients nuls et un vendeur blasé, la relation client est placée sous les meilleurs auspices !

La détestation du narrateur pour tout échange avec le client est encore renforcée par le discours officiel, qui proclame l'inverse : « *Dans nos métiers de l'ingénierie informatique, l'aspect le plus fascinant est sans doute le contact avec la clientèle.* » Cette théorie stéréotypée repose sur l'hypothèse d'une certaine diversité, forcément porteuse de richesse – hypothèse que le narrateur rejette évidemment en bloc. Lui considère, au contraire, que les gens qu'il est appelé à rencontrer sont « *tout à fait similaires dans leurs coutumes, leurs opinions, leurs goûts, leur manière générale d'aborder la vie* ». De fait, les traits qui distinguent un client d'un autre se limitent au fait qu'ils ont le choix entre la pratique de deux ou trois sports, et que certains aiment les filets de harengs et d'autres non ! La conclusion est d'une ironie irrésistible : « *Autant de destins, autant de parcours possibles.* »

Qu'on ne s'y trompe pas, si notre informaticien insiste sur le caractère ténu de ces différences, ce n'est pas pour regretter que ces « *subtiles et déplaisantes variations* » soient si minces. Au contraire, quitte à avoir une relation nulle, ce serait plus simple si les hommes étaient des robots strictement interchangeables, sans « *défectuosités* ». Voilà qui est clair : il n'existe pas de vraie diversité, et les résidus dérisoires qu'on peut rencontrer malgré tout sont autant de complications inutiles.

L'art et la façon de prendre le client pour un imbécile

Lorsque les clients sont de tels imbéciles, la seule stratégie possible est de les prendre... pour des imbéciles. Ainsi, dans l'extrait présenté, l'informaticien fait le choix de recourir à la bonne vieille technique de la flatterie : « *J'appuierai ses interventions avec une expression d'admiration un peu bête, comme s'il venait soudain de me révéler d'étonnantes perspectives, pleines de sagesse et d'ampleur.* » En l'occurrence, on reste sceptique devant l'efficacité de cette stratégie : étant donné l'antipathie instantanée que son interlocuteur a contractée à son égard, il est peu probable qu'il parvienne à « récupérer le coup » malgré sa longue expérience en matière de duplicité.

Une autre réaction possible, elle aussi classique chez les commerciaux, consiste à noyer le client sous le « pipeau ». Pendant une scène de formation très drôle, on voit un collègue du narrateur esquiver les coups de la partie adverse à l'aide de remarques creuses, mais assénées avec beaucoup d'aplomb.

« *Tisserand est incompétent, c'est un fait, mais il en a vu d'autres. C'est un professionnel. Il n'aura aucun mal à parer les différentes attaques, tantôt éludant avec grâce, tantôt promettant d'y revenir en un point ultérieur du cours. Parfois même il réussira à suggérer que la question aurait certes pu avoir un sens à des époques antérieures du développement de l'informatique, mais qu'elle était maintenant devenue sans objet.* »

On trouve un autre exemple de bla-bla du meilleur cru quelques pages plus loin, lorsque Tisserand porte le coup de grâce au malheureux chef du service informatique des bureaux rouennais du ministère de l'Agriculture : « *Je n'en sais absolument rien, et je m'apprête à le lui dire. Mais Tisserand, décidément en grande forme, me prend de vitesse : une étude vient de paraître sur le sujet, affirme-t-il avec audace ; la conclusion est nette : à partir d'un certain palier de travail-machine l'onduleur est rentabilisé rapidement, en toute hypothèse en moins de trois ans. Malheureusement, il n'a pas l'étude sur lui, ni même ses références ; mais il promet de lui adresser une photocopie, dès son retour à Paris. Bien joué. Schnäbele se retire, complètement battu ; il va même jusqu'à nous souhaiter une bonne soirée.* »

Le jargon de l'informatique parasite les échanges

Situé dans le monde de l'informatique, le roman laisse entendre, par moments, que la nullité de la relation client est liée en partie au produit vendu. La prestation de service informatique a en effet un caractère technique qui favorise le jargon le plus abscons et parasite les échanges. Houellebecq ne résiste pas à livrer quelques extraits d'un rapport, d'autant plus hilarants qu'ils sont certainement authentiques. « *Il apparaît urgent de valider un modèle relationnel canonique dans une dynamique organisationnelle débouchant à moyen terme sur une database orientée objet. »*

Un contexte aussi verbeux n'améliore pas la qualité de la communication. Ce n'est sûrement pas un hasard si le seul client qui trouve grâce aux yeux du narrateur (« *un type plutôt sympathique »* : sous la plume de Houellebecq, c'est un véritable panégyrique !) est celui qui rejette en bloc le progiciel et la formation qui va avec. « *L'informatique, nous déclare-t-il carrément, il n'en a rien à foutre. »* Ce qui rend cet individu sympathique, c'est sa résistance au choix qu'on veut lui imposer, et, au passage, à la modernisation de la société qui porte en elle son déclin. C'est aussi, certainement, d'envoyer aux orties les règles du jeu de la relation client.

Au-delà des difficultés de communication propres à l'informatique, la nullité des relations entre prestataires et clients est présentée comme indissociable du dérèglement général de la société contemporaine. C'est annoncé d'emblée, au début du livre : « *Les relations humaines deviennent progressivement impossibles. »* Et, plus loin, avec le sens de la formule qui caractérise Houellebecq : « *Nous sommes loin des* Hauts de Hurlevent, *c'est le moins qu'on puisse dire. »* Dans un tel contexte, les rapports avec le client sont ni plus ni moins voués à l'échec que toutes les relations humaines.

Chapitre 6

LA FIGURE DE L'ENTREPRENEUR

Dans les médias comme dans les représentations de chacun, le métier de chef d'entreprise peine à échapper aux stéréotypes. Tantôt c'est un profiteur ignoble qui s'enrichit sur le dos de son personnel, tantôt c'est un surhomme qui travaille quatorze heures par jour et a l'avenir du pays entre les mains.

Loin de ces clichés, la littérature rend compte avec subtilité de la diversité que recouvre la profession d'entrepreneur. Diversité dans les facettes du métier : finance, marketing, vente, ou encore connaissance de l'âme humaine. Diversité dans les styles de ceux qui exercent cette fonction : graves ou bouillonnants, hédonistes ou mystiques, créatifs ou méticuleux, ou, pourquoi pas, les deux à la fois. Diversité, enfin, dans les contextes et les enjeux : certains entrepreneurs créent une activité de toutes pièces, parfois avec leur seul talent en guise d'apport, d'autres s'escriment à maintenir en vie une entreprise héritée de leurs ancêtres, avec toute la dimension affective que cela implique.

En dépit de toutes ces différences, les grands patrons présentés ici ont un point commun : la passion d'entreprendre. Bien plus que la cupidité ou la soif de reconnaissance sociale, c'est elle qui les fait avancer, contre vents et marées.

LES HÉRITIERS

Les Buddenbrook
THOMAS MANN

Si *Les Buddenbrook* compte parmi les livres brûlés lors des autodafés nazis, plus de trente ans après sa parution en 1901, c'est parce que ce roman raconte une décadence. Comme l'indique le titre, c'est une famille qui est au cœur du livre, mais la destinée et l'identité même de cette famille sont si étroitement liées au négoce familial que les deux sont pour ainsi dire indissociables.

Le récit, situé à Lübeck entre 1835 et 1875, nous place au cœur d'un négoce de grain fondé en 1768, l'activité commerciale de la famille remontant au XVIe siècle. Au début du livre, c'est Johann Buddenbrook, patriarche robuste et respecté, qui dirige l'entreprise familiale. Peu avant sa mort, il passe le relais à son fils Jean, homme d'affaires avisé et profondément religieux, qui a lui-même quatre enfants : Christian, fantasque et névrosé, Tonie, arrogante et futile, Clara, mystique et effacée, et Thomas, désigné très jeune comme le successeur à la tête de la maison de commerce. Ambitieux, clairvoyant et dynamique, ce dernier apporte à l'activité une courte embellie et est élu sénateur de la ville. Mais il s'agit là des derniers feux : « *Au moment même où éclatent les signes extérieurs, visibles et tangibles, les symptômes du bonheur et de l'essor, tout déjà s'achemine en réalité vers son déclin.* » La quatrième et dernière génération ne compte qu'un héritier, Hanno, musicien prodige qui meurt de la typhoïde à quinze ans, marquant ainsi l'extinction de la famille et de l'entreprise.

Au-delà de la saga sur quatre générations, avec les parcours individuels des uns et des autres, le roman de Thomas Mann est le récit cruel et émouvant d'une entreprise qui disparaît, victime d'un environnement en plein bouleversement mais aussi des germes destructeurs que cette dynastie de commerçants grands bourgeois porte en elle.

Le 2 août 1846

Mon cher Thomas,

J'ai reçu avec joie la lettre où tu me racontes ta rencontre à Amsterdam avec Christian. Vous avez dû passer ensemble des journées bien joyeuses. Je n'ai pas encore de nouvelles de la suite du voyage de ton frère, il devait se rendre en Angleterre par Ostende. Dieu veuille que tout se soit bien passé. [...] Je voudrais encore te dire avec quel plaisir j'ai appris par une lettre de M. Van der Kellen, que tu te faisais apprécier dans le cercle de sa famille. Tu es à présent, mon fils, arrivé à l'âge où tu peux recueillir les fruits de l'éducation que tes parents t'ont fait donner. Guide-toi sur moi qui, à ton âge, à Bergen comme à Anvers, ai toujours cherché à me montrer agréable et obligeant envers les femmes de mes patrons et en ai toujours retiré le plus grand avantage. En dehors du plaisir et de l'honneur d'être en relation avec la famille du patron, il est bon de s'assurer dans la personne de sa femme une avocate et une protectrice pour le cas, peu souhaitable, mais toujours possible, où l'on commettrait une bévue et où l'on aurait le malheur de ne pas donner toute satisfaction à son chef.

Quant à tes projets commerciaux pour l'avenir, mon fils, ils me font plaisir à cause de l'intérêt très vif que tu y portes ; toutefois, je ne les approuve pas entièrement. Tu pars de ce principe que la vente des produits originaires des environs de notre ville natale, tels que céréales, colza, peaux, fourrures, laine, huile, tourteaux, os, etc., est le genre d'affaires le plus indiqué et le plus sûr, et tu songes, sans négliger tes affaires de commissions, à te tourner particulièrement vers cette branche de commerce. À une époque où la concurrence dans ce domaine était encore très faible (aujourd'hui elle a considérablement augmenté), cette idée m'a aussi occupé, et dans la mesure où je disposais d'un peu de place et d'occasions favorables ; j'ai même tenté quelques expériences dans ce sens. Mon voyage en Angleterre avait essentiellement pour but de m'assurer des relations commerciales dans ce pays. J'ai été jusqu'en Écosse à cette fin, et j'y ai fait plus d'une connaissance utile, mais j'ai reconnu bientôt le caractère dangereux inhérent aux affaires d'exportation, c'est pourquoi je n'y ai pas donné suite, d'autant plus que je me souvenais toujours de cette recommandation de mon aïeul, le fondateur de notre maison de commerce : « Mon fils consacre avec joye le jour aux affaires, mais non point à celles qui, la nuit, troubleroient ton sommeil. »

Je compte observer religieusement cette maxime jusqu'à la fin de ma carrière, bien que, parfois, il me vienne des doutes en face de gens qui, sans s'embarrasser de tels principes, paraissent mieux réussir. Je pense à Strunck et Hagenstrœm, qui sont en plein accroissement, tandis que nos affaires continuent à aller bien doucement. Tu sais que la maison n'a pas prospéré depuis la réduction survenue à la mort de ton grand-père, et je prie Dieu de pouvoir te laisser les affaires au moins dans l'état où elles sont aujourd'hui. J'ai en M. Marcus, le fondé de pouvoir, un auxiliaire expérimenté et circonspect. Si seulement la famille de ta mère voulait garder un peu mieux ses écus ! Cet héritage sera pour nous d'une telle importance !

[...] Que la bénédiction de Dieu t'accompagne, mon fils ! Travaille, prie et épargne.

Bien affectueusement.

Ton père dévoué

© *Les Buddenbrook*, Thomas Mann, Fayard, 1932

Véritable dynastie de commerçants, la famille Buddenbrook se caractérise par un engagement plein et entier dans le négoce de céréales pratiqué depuis des générations : de leur naissance à leur dernier soupir, c'est l'entreprise qui dicte aux hommes et aux femmes de la famille toute leur existence. Mais paradoxalement, cet absolu dévouement ne les protégera pas de la chute, au contraire. Dans une époque de bouleversements, leur attachement quasi religieux à des valeurs et des pratiques dépassées les mènera inexorablement à la catastrophe.

La vie privée et la vie de l'entreprise sont indissociables

Le premier point qui frappe le lecteur, dès les premières pages du roman, est l'absence totale de frontière entre la vie privée et l'entreprise, particulièrement frappante lors des événements familiaux. Décès et mariages sont avant tout analysés en fonction de leur impact sur l'entreprise : héritage, division du patrimoine, dot, prestige de la Maison. Il ne faudrait pas, pourtant, imaginer des calculs froids et mesquins. Pour les Buddenbrook, servir les intérêts économiques de la dynastie est considéré comme un devoir grave et même une destinée, comme dans une famille royale où il est naturel que les mariages soient arrangés au nom d'une cause qui dépasse les aspirations individuelles.

Thomas reconnaît ainsi, sans aucun cynisme, que son amour pour Gerda est indissociable de la bonne opération commerciale que représente son mariage : « *Sa grosse dot a contribué, dès sa première présentation, à mon enthousiasme.* »

Quant à sa sœur Tonie, elle accepte, par sens du devoir, deux mariages successifs auxquels elle répugne de tout son être. Il faut dire que son père l'a rappelée à l'ordre d'une façon tendre mais sans appel : « *Nous ne sommes pas nés, ma chère fille, pour réaliser ce que notre courte vue considère comme notre petit bonheur personnel, car nous ne sommes pas des individus libres, indépendants, doués d'une existence propre ; nous sommes pour ainsi dire les anneaux d'une chaîne et, comme tels, nous ne saurions être imaginés sans la série de ceux qui nous ont précédés et nous ont frayé le chemin en suivant eux-mêmes avec rigueur et sans détourner leur regard du but, une tradition éprouvée et vénérable.* »

Résultat : une première union avec un escroc, et une seconde, pour effacer la tache noire du divorce, avec un commerçant bavarois sans ambition, qui cesse toute activité dès qu'il touche la dot de sa femme. Sans oublier le mariage de sa fille Erika, nouveau désastre. Tonie l'a orchestré pour se venger de ses échecs, mais le gendre, peu scrupuleux, est finalement jeté en prison.

Il y a dans ces vains sacrifices une ironie cruelle et presque tragique, d'autant que le jeune homme dont Tonie était éprise, étudiant d'origine modeste qui représentait pour la famille une mésalliance, deviendra, lui, un médecin renommé.

Des bouleversements qui leur échappent

Pourquoi cette entreprise obsédée par son propre devenir s'oriente-t-elle inéluctablement vers sa décadence ? Avant tout parce que le monde change autour d'elle. Or, malgré l'apparente solidité sur laquelle Thomas Mann insiste à dessein (la nourriture bourgeoise, le décor bourgeois, la maison bourgeoise, le patriarche éclatant de santé : tout semble d'une robustesse éternelle), les Buddenbrook sont une espèce fragile, qui résiste mal aux variations.

Justement, en cette Prusse de la seconde moitié du XIXe siècle, les variations prennent des allures de bouleversements. Le contexte politique, tout d'abord, se transforme. Dans les classes modestes, chez les domestiques comme chez les dockers, « *l'esprit de révolte a sournoisement fait son œuvre* », et l'on envisage non seulement d'abolir la distinction entre habitants et citoyens, mais aussi d'accorder le droit de cité aux juifs. La formule de Thomas Mann est lapidaire : « *Le monde était à l'envers.* »

Sur le plan économique, qui a encore plus d'influence sur l'activité commerciale, l'heure est aussi aux changements. Les quelques vieilles maisons qui se partageaient jusqu'à présent le marché assistent à l'émergence d'une nouvelle concurrence, « *qui ne s'embarrasse pas de scrupules* ». En fait, il s'agit surtout d'une façon moins cérémonieuse et plus efficace de faire des affaires, soutenue par la modernisation des communications et de la Bourse.

Thomas, lucide, comprend que le commerce du passé est révolu, avec ses transactions sans risque entre gens de bonne compagnie, dans lesquelles la réputation et les bonnes manières étaient déterminantes. « *Nos anciens avaient une tout autre vie... Mon grand-père, par exemple, voyageait en perruque poudrée et en escarpins, dans sa calèche attelée de quatre chevaux, et allait faire des affaires dans le Sud de l'Allemagne, en qualité de fournisseur aux armées prussiennes. Il déployait toute son amabilité, faisait valoir ses talents et ramassait un argent fabuleux.* »

Rien à voir avec les nouveaux arrivants, qui, selon une Tonie hargneuse, « *s'y prennent en jouant des coudes, sans aucune générosité ni délicatesse. Grand-Père disait de Hinrich Hagenstrœm : il vous ferait vêler un bœuf* ».

La décadence est inéluctable

Dans ce nouveau contexte, tout semble se retourner contre les Buddenbrook : leur conservatisme exacerbé, bien sûr, mais aussi leur lenteur, leur sérieux, leur rigidité. Car si les facteurs extérieurs se combinent pour précipiter la chute du négoce familial, cette dernière était pratiquement inscrite dans leurs gènes.

L'obsession des apparences et le sentiment de leur supériorité les condamnent à un repli et un aveuglement fatals. Tonie l'exprime avec un émouvant mélange d'amertume et de candeur : « *Nous nous considérons comme des nobles et nous sentons différents des autres. Nous ne devrions jamais essayer de vivre ailleurs, où l'on ne sait pas qui nous sommes, où l'on ne sait pas nous apprécier.* » Ce comportement aristocratique, surtout présent chez les femmes de la famille, conduit à une dilapidation du patrimoine : la richesse est une chose acquise, presque de droit divin. Tonie, qui se vante d'être « *une oie* », assume avec arrogance son goût du luxe hérité de la branche maternelle – ce qui vient de la famille est bon, par nature.

Cet esprit de caste est aggravé par le manque de hauteur de vue. Le fils qui est désigné pour prendre la direction de la Maison reçoit une formation purement pratique, dans une école technique puis dans une Maison amie de Londres ou d'Amsterdam. Le commerçant idéal doit avoir une « *tête solide et sérieuse* », et surtout pas être brillant, visionnaire ou même cultivé. Ce climat d'étroitesse d'esprit, dans lequel les lectures se limitent à la Bible et à la gazette locale, devient un handicap dans une période de mutation qui exigerait du recul.

De même, le rejet absolu du risque est incompatible avec le contexte du moment. L'extrait présenté évoque la devise du fondateur : « *Mon fils, consacre avec joye le jour aux affaires, mais non point à celles qui, la nuit, troubleroient ton sommeil.* » Cette prudence extrême interdit non seulement toute spéculation, mais aussi toute innovation.

Enfin, et c'est sans doute leur trait le plus sympathique, les Buddenbrook sont des naïfs. Ils calculent, réfléchissent, pèsent et soupèsent ; ils sacrifient leur bonheur individuel à la cause supérieure de leur succès commercial... et ils se laissent berner comme une midinette de quinze ans lorsque l'infâme Grünlich vient demander la main de Tonie. Comment imaginer que ce fils de pasteur et homme du monde, qui leur dit mot pour mot ce qu'ils rêvent d'entendre, pourrait leur présenter des comptes truqués ? Leur propre droiture, que leur esprit de caste les amène à projeter sur l'ensemble de leurs pairs, les aveugle d'une façon tragi-comique.

Si le manque de lucidité des autres membres de la famille est pathétique, la lucidité de Thomas, le personnage le plus attachant, l'est tout autant. Car cette lucidité est trop partielle, et surtout trop solitaire. Quand Tonie vitupère avec haine contre les familles montantes, il lui rétorque que « c'est aux bénéfices qu'on regarde ». Lui qui est la tête « la moins bourgeoisement bornée de son milieu » paraît, à un moment donné, susceptible de redresser la barre. Mais il est trop seul et trop sensible, déchiré entre sa soif d'action et sa vie intérieure agitée. Sa clairvoyance le mène finalement à la dépression, et il est impuissant à arrêter la chute.

Se plonger dans Les Buddenbrook, c'est avant tout découvrir une œuvre littéraire dans laquelle l'auteur de La Montagne magique et Mort à Venise révèle, à tout juste vingt-cinq ans, son exceptionnel talent pour décrire la chute, la fin, la noirceur, la décomposition. Mais le lecteur qui s'intéresse à l'entreprise familiale y trouvera aussi un tableau des périls qui la guettent, lorsque son regard est tout entier tourné vers elle-même et non vers le monde qui l'entoure. Bien sûr, le pessimisme exacerbé de Thomas Mann et le caractère daté de son analyse sociologique imposent au lecteur de prendre une certaine distance. N'empêche : le tableau est instructif.

L'AUTODIDACTE DE GÉNIE

Les Hommes de bonne volonté
JULES ROMAINS

Pour une présentation générale de l'œuvre, voir page 117.

Avant de fixer le détail de sa conduite professionnelle, il en a posé le principe : « Mon but est d'arriver bientôt à des opérations de grande envergure. Comme je manque de capitaux à moi, je n'y arriverai qu'avec les capitaux des autres, c'est-à-dire en faisant marcher de gros clients. Je ne m'attacherai ces gros clients, je ne les aurai en mains, que si je commence par les contenter d'une manière exceptionnelle. Il faut donc que je fasse au moins aussi bien que ceux qui font le mieux. »

Il a employé presque toute sa seconde quinzaine d'octobre à visiter une à une les autres agences immobilières, à tâcher d'en saisir le fonctionnement, d'en surprendre les perfections ou les défauts. Il s'est donné, suivant le cas, pour un particulier disposé à un achat, ou pour un intermédiaire.

Il a constaté à peu près partout que la profession se pratique avec une extrême paresse d'esprit.

Quand un monsieur se présente, à titre d'acheteur éventuel, on exige qu'il arrive avec une idée bien arrêtée. Il doit indiquer exactement le genre d'immeuble qu'il a en vue, le prix qu'il entend y mettre, l'emplacement de son choix, presque le nom de la rue. S'il paraît un peu hésitant, un peu décontenancé par cet interrogatoire, le directeur de l'agence, ou l'employé qui le remplace, le regardent d'un œil soudain défavorable. Ce client-là ne les intéresse pas. Leur main, devenue molle, fait semblant de
[...]

feuilleter un registre, un fichier. Mais ils répondent du bout des lèvres. L'autre se sent importun, s'excuse, s'en va, et ne revient plus.

Ils n'ont pas l'air de se douter que c'est au contraire ce client-là qui peut offrir le plus d'intérêt ; qu'il a des chances d'être le plus maniable ; et qu'au demeurant son hésitation est toute naturelle. Vous ne vendez pas des chapeaux. On n'entre pas chez vous pour trouver un certain feutre gris clair à dix francs, de la pointure 57. (Et encore le chapelier ne manque-t-il pas de ces chalands indécis, qu'il s'agit pourtant de renvoyer coiffés à leur goût.) Vous êtes plus près du brocanteur que du chapelier. Ce qui a poussé le visiteur à franchir votre seuil, c'est l'espoir d'une "occasion" indéfinie. Ou encore l'on vient vous voir, comme on irait chez l'agent de change, parce qu'on a de l'argent à placer. On en placera plus ou moins suivant l'occurrence, et selon l'habileté de vos conseils.

Haverkamp a observé encore que très souvent les directeurs d'agence ne connaissent pas eux-mêmes les affaires. Ou bien ils se sont contentés de transcrire les renseignements que le vendeur leur apportait ; ou ils ont envoyé sur place un vague sous-ordre, dont ils n'ont pas critiqué les dires. Quand par hasard ils ont consenti à se déranger, ils ont laissé dans l'ombre une foule d'éléments.

S'il s'agit d'un terrain, même à Paris, ils ignorent comment il est orienté, de quel sol il est fait, quels accidents de surface il présente ; quelles servitudes peuvent le frapper. Ils ne savent pas toujours si la rue qui le dessert appartient à la ville. Ils sont si peu au courant des usages locaux, qu'ils ne soupçonnent pas que dans les rues rachetées, ou annexées, l'entretien du trottoir peut être resté à la charge du propriétaire. (Haverkamp, au bout de huit jours de métier, connaissait ce détail.) À plus forte raison sont-ils incapables de vous dire si le terrain ne repose pas sur un ciel de carrières. À l'architecte de s'en soucier au moment de bâtir. Mais il sera bien temps.

Quand il s'agit d'une maison, ils en ignorent l'âge exact, la qualité de construction et de matériaux. Ils n'ont souvent aucune idée des frais moyens d'entretien qu'elle réclame, des contributions qu'elle supporte. Possèdent-ils l'un ou l'autre de ces renseignements, c'est que le vendeur a vraiment tenu à le donner ; et ils l'ont consigné d'une plume négligente.

Sauf exception, ils ne s'occupent pas des immeubles à vendre au tribunal. Ils n'en suivent même pas les annonces. Il leur paraîtrait absurde de signaler une affaire de cet ordre à leurs visiteurs. D'abord ce n'est pas leur spécialité. Mais sans doute pensent-ils surtout que le client, ayant ensuite la faculté de se passer d'eux pour miser et acquérir, et pouvant toujours prétendre qu'il a eu connaissance de la vente par la publicité officielle, les frustrera de leur commission, d'ailleurs réduite.

Haverkamp juge ces considérations misérables. Pour un client malhonnête, cinq au moins tiendraient leur parole, et, s'ils étaient contents de l'affaire, envisageraient d'en risquer d'autres avec vous. Et puis peu importe qu'un client, médiocre par hypothèse, vous escroque une commission. On ne le reverra plus. (Et après tout on ne lui a livré aucune marchandise.) L'essentiel est de recruter par sélection des clients sûrs, et d'une certaine ampleur.

© *Les Hommes de bonne volonté*, Jules Romains, Flammarion, 1958

Quels sont les facteurs clés de succès d'une création d'entreprise et les qualités indispensables à un patron ? Pour trouver une réponse, il suffit de quelques clics sur Internet ou d'un saut en librairie, où les ouvrages sur la question occupent des rayons entiers. Mais la théorie échoue le plus souvent à appréhender des sujets aussi subtils que la direction des hommes ou les capacités de négociation, si bien que le lecteur de ces manuels techniques risque fort de rester sur sa faim. À l'inverse, on trouve dans le portrait d'entrepreneur créé par Jules Romains une illustration complète et lumineuse de tous les aspects d'une création d'entreprise, des plus techniques jusqu'aux plus humains. La littérature offre là une extraordinaire leçon de management, doublée d'un grand plaisir de lecture.

Une création d'entreprise préparée de façon exemplaire

Le succès d'Haverkamp, autodidacte qui bâtit *ex nihilo* un empire immobilier puis une holding internationale et diversifiée, s'explique avant tout par une préparation remarquable de sa création d'entreprise. Après avoir exercé sans amertume d'humbles métiers, tâtant des activités les plus diverses, l'homme d'affaires arrête son choix sur le secteur de l'immobilier parisien qui, au début du xxᵉ siècle, combine de façon exceptionnelle absence de risque et fort potentiel de croissance. C'est après une analyse approfondie qu'il opte pour ce métier, convaincu qu'il pourra y assouvir ses rêves de puissance et d'action – il approche de la quarantaine et a su attendre son heure.

Dès le lancement de son activité, Haverkamp opte pour la vente d'immeubles et de terrains, autrement dit des opérations immobilières d'une certaine envergure : « *Une agence qui tripote un peu de tout n'arrive pas à se classer. Les petites affaires chassent les grandes. Les capitalistes ne viendront pas s'asseoir dans le salon où ont attendu les bougnats.* » Il n'entre dans ce positionnement aucun mépris, mais une analyse perspicace de la nécessité de se spécialiser.

Ensuite, comme on le voit dans l'extrait présenté, Haverkamp établit un plan de développement à la fois ambitieux et réaliste. Contraint de commencer petitement, faute de capitaux personnels, il mise tout sur la satisfaction exceptionnelle de ses premiers clients, qui doit lui permettre « *d'acquérir l'autorité et la confiance pour avoir presque autant de liberté de manœuvre qu'avec ses propres capitaux* ». Autrement dit, la satisfaction du client constituera le levier de son développement.

Dans cet objectif, s'étant avoué franchement qu'il ne sait rien de son nouveau métier (« *J'ai exactement tout à apprendre* »), il observe minutieusement ses concurrents. Le constat est sans appel : « *L'alpha et l'oméga de leur métier, c'est de faire asseoir l'un en face de l'autre deux messieurs qui se seraient très bien mis d'accord tout seuls.* » Lui, au contraire, met en place dès l'origine une démarche qualité exemplaire, qui n'a rien à envier aux normes ISO. Tout est là, de l'écoute client aux procédures destinées à garantir un service irréprochable – Jules Romains pousse le goût de l'exactitude jusqu'à reproduire le modèle de fiche sur lequel l'employé d'Haverkamp note les informations recueillies en parcourant les rues de Paris. « *Quelle féerie dans la précision du détail !* », commente le romancier. Une formule qui résume tout : la féerie pour la passion et le détail pour la rigueur.

De fait, l'attention que le nouvel agent immobilier prête au moindre détail est un autre signe de l'excellence de sa préparation. Le choix du nom de l'entreprise fait ainsi l'objet d'une réflexion approfondie : d'abord tenté par des désignations plus ou moins pompeuses, il décide finalement de donner son propre nom à l'agence, pour éviter le piège du tape-à-l'œil.

De même, le choix de son implantation et l'aménagement de ses bureaux sont mûrement réfléchis : l'ensemble doit être modeste, compte tenu de ses moyens limités, mais il préfère la sobriété à la médiocrité. « *Pour l'instant, je réduis mon installation au minimum, justement afin d'éviter que les choses purée – mobilier toc et le reste – ne prennent racine chez moi. En laissant les places vides, je m'oblige à les remplir, un jour ou l'autre, avec du beau matériel.* » Quant au quartier et à l'immeuble, ils sont choisis avec soin, pour leur respectabilité. Scandalisé par le fait que certaines agences importantes ont élu domicile dans « *d'infâmes taudis* », il s'interdit le genre « *miteux en affaires* ».

Du mobilier de son bureau jusqu'à la taille de la plaque en cuivre apposée sur sa porte, chaque élément est étudié avec le même soin, pour concourir à une image de sérieux et de sécurité. Le diable se niche dans les détails : rien n'est laissé au hasard.

Pragmatisme, optimisme et intuition

Tout en étant fin stratège et extrêmement ambitieux, Haverkamp se caractérise aussi par un sens pratique dont il ne se départit jamais : c'est un « *grand visionnaire qui sait remettre les visions à leur place* ». À l'opposé d'un mégalomane, il ne laisse jamais ses rêves de grandeur « *intervenir dans les opérations pratiques de son esprit* ».

Profondément ancré dans la réalité, l'homme d'affaires ne sous-estime pas, pour autant, l'importance de l'intuition. Ainsi, à trois jours d'une réunion décisive pour un projet de ville d'eaux qu'il pressent être l'affaire de sa vie, il a « *l'intuition* » qu'il sera plus fort s'il retrouve, à l'égard de ce projet, « *une certaine indépendance d'esprit* ». Au lieu de peaufiner encore et encore ses arguments pour cet énorme dossier, il a « *la crânerie* » de prendre du recul en travaillant sur une autre affaire. Cela dénote une admirable hauteur de vue et une grande confiance en lui.

Jerphanion, le brillant Normalien, est frappé par cet optimisme que dégage Haverkamp : « *L'ensemble respirait une confiance de joueur heureux : l'homme qui simplifie les problèmes, qui se décide vite sur les dictées de son instinct dont il ne doute plus ; qui ne croit ni aux obstacles insurmontables ni aux adversaires irréductibles ; qui se flatte d'être de mèche avec le destin. »*

Plus tard, alors qu'il est au faîte de sa gloire, l'entrepreneur exprime lui-même, sans ambiguïté, cette volonté d'aller toujours de l'avant : *« Moi, je n'ai pas peur de l'avenir. D'abord, parce que je n'y pense pas. [...] Ce qui est mauvais, c'est de rêvasser à l'avenir en gros, en y mettant tout plein de fantômes, et sans pouvoir bouger le petit doigt pour y rien changer, comme dans les cauchemars. Moi, quand je sens un brin d'angoisse, j'ai un remède : je fonde quelque chose de nouveau, une affaire... une société... une combinaison que je n'ai pas encore essayée. Le tracas que ça me donne est positif. J'ai un obstacle à vaincre, un autre... Je vois un but. Il ne me reste pas de temps pour les terreurs vagues. »*

Ce mélange de confiance, d'audace et d'optimisme, c'est tout simplement l'esprit d'entreprise. *« L'échec, il l'acceptait à la rigueur, mais en fin de partie. Une première entreprise peut tourner mal. Un homme d'action n'est pas déshonoré par une défaite. Ce qui le déclasse, c'est d'être un avorteur. »*

Savoir s'entourer

Plus enclin à l'action qu'à l'introspection, Haverkamp se livre rarement à ce genre de réflexions sur sa personnalité et son parcours. En revanche, il analyse constamment la psychologie de ses clients, fournisseurs, partenaires et employés. Fin connaisseur de l'âme humaine, il met ainsi en œuvre une gestion des ressources humaines audacieuse et iconoclaste. En matière de recrutement, il privilégie le potentiel, la motivation et la vivacité d'esprit plutôt que l'expérience. *« En cette matière comme en d'autres, Haverkamp se défend de classer les êtres suivant l'opinion courante. »* C'est ainsi qu'il arrête son choix sur le jeune Wazemmes, inexpérimenté... et jusque-là modérément travailleur. Mais ce premier employé correspond aux priorités fixées par Haverkamp : *« Partant comme je pars, je ne puis me passer d'un collaborateur qui comprenne. Et qui se passionne. J'ai encore plus de chance de trouver ça auprès d'un jeune cerveau que chez un vieil abruti. »*

Toujours cohérent, l'entrepreneur accorde au jeune homme une confiance sans réserve : c'est un fervent adepte de l'autonomie, la délégation et la responsabilisation. Pour lui, *« l'incapacité des subordonnés est souvent entretenue par le chef »*. Il accepte donc volontiers les *« erreurs et inadvertances de sa jeune recrue »*, conscient qu'elles sont *« plus que compensées par l'avantage d'avoir près de lui un collaborateur alerte, à l'esprit vivant »*.

C'est un calcul, bien sûr, mais c'est aussi, et plus encore, le reflet d'une personnalité profondément bienveillante. L'entrepreneur génial de Jules Romains n'est ni un naïf ni un ange, mais il est encore moins un cynique : tout au long de son parcours, il conserve sa foi en l'humanité.

L'ENTREPRISE COMME UNE CROISADE

Les Destinées sentimentales

Jacques Chardonne

Pour une présentation générale de l'œuvre, voir page 15.

M. Pommerel ne sentait pas de contradiction entre sa religion et son commerce de cognac ; il retrouvait, dans les affaires, de multiples prescriptions, des coutumes sacrées, des défenses et des permissions, des frontières précises entre le bien et le mal. Ses moindres actes participaient à une idée supérieure, et, lorsqu'il écrivait de sa main, le jour voulu, une lettre polie et véridique, payait comptant, livrait exactement ce qu'il avait promis, il croyait se conformer aux commandements de Dieu. Pratiquer le bien ne lui coûtait aucun effort. Il discernait tout de suite son devoir et l'accomplissait spontanément. C'est la plus légère tromperie qui l'eût gêné, comme contraire à sa nature. Aussi, ce fut une grande épreuve pour sa conscience lorsque le phylloxera en 1880 détruisit les vignobles charentais. […]

C'est à cette époque, après le désastre du phylloxera et parmi la ruine des campagnes, que s'édifièrent, dans les villes, des fortunes inconnues jusqu'alors. L'emploi de l'alcool du Nord permit de composer un produit moins cher pour une clientèle plus nombreuse. On mit le cognac en bouteilles, on l'expédia par caisses, innovation qui ouvrit des marchés lointains ; on créa des marques qui constituaient des monopoles. Un cognac de peu de saveur, très coloré, sous d'ingénieuses étiquettes, fit la richesse de ces négociants.

M. Pommerel réprouvait ces mœurs. Dès que les vignes greffées le permirent, il revint aux traditions paternelles. De ses chais ne sortait plus que du cognac pur, produit du vin des Charentes, sans mélange. Ce n'est […]

pas lui qui aurait consenti à vendre du cognac en bouteilles et à voir son nom chez les épiciers. Il n'admettait que les beaux fûts pesants, avec le nom Pommerel marqué à feu sur leur fond de chêne et destinés à une douzaine de respectables marchands, fins connaisseurs, aux solides principes de loyauté. Il refusa la richesse facile. Il préférait vendre un cognac excellent, assez récompensé par le plaisir d'être bien reçu, en souvenir de leurs anciennes relations, chez Turnbull, Larsen ou Duprez, quand il allait à Londres, à Christiania, à Moscou.

© *Les Destinées sentimentales*, Jacques Chardonne, Albin Michel, 1953

Luxe, savoir-faire, forte connotation affective du produit, les activités de la porcelaine et du cognac, présentes au cœur du roman de Chardonne, ont bien des points communs. De même, malgré leurs personnalités différentes, on retrouve certaines caractéristiques identiques chez les trois principales figures d'entrepreneurs : Monsieur Pommerel, héritier d'une maison de cognac deux fois centenaire, Robert Barnery, qui a donné à l'entreprise de porcelaine fondée par son père son véritable élan, et Jean Barnery, le neveu désigné pour lui succéder.

Tout sacrifier à son devoir d'entrepreneur

Le premier point commun, très frappant dès les premières pages du livre, est la gravité de ces chefs d'entreprise. La direction d'une affaire est un devoir absolu, une mission impérieuse, une cause à laquelle on doit tout sacrifier.

La religion, très présente dans le livre, est la source de nombreuses analogies et métaphores. Dans le passage présenté ici, le parallèle est explicite : en dirigeant son négoce de cognac, « *Monsieur Pommerel* » a le sentiment d'accomplir un devoir religieux – ce n'est pas un hasard s'il est presque toujours désigné de cette façon solennelle. C'est pourquoi il a oublié ses autres goûts le jour même où la mort de son père lui a commandé de reprendre les rênes de l'entreprise familiale. Sa jeunesse insouciante et hédoniste, à laquelle il est fait allusion brièvement, a pris fin quand il a endossé son habit de patron, exactement comme s'il était entré dans les ordres.

De la même façon, une fois que Jean Barnery accepte de reprendre la direction de la fabrique de porcelaine familiale, il se comporte « *comme si l'individu sensible n'existait plus chez lui* ». Comment s'étonner de cet engagement total vu la responsabilité qui pèse sur ses épaules depuis la mort de son oncle, le chef idolâtré ? Les héritiers ont une crainte terrible : « *Voir tomber la création ancestrale, le bien spirituel de la famille.* » L'appel reçu par Jean pour succéder à Robert Barnery est de la même force que celui qui l'avait engagé, plus jeune, à devenir pasteur, puis, ensuite, à épouser Pauline.

Pour ces dirigeants, il est si naturel de placer l'entreprise au-dessus de tout qu'ils exigent la même vision de tous leurs proches – tant pis pour ceux qui s'y refusent. Robert Barnery s'est brouillé avec l'un de ses fils, au seul motif qu'il se désintéressait de la fabrique de porcelaine. De même, la relation de Monsieur Pommerel avec son fils Arthur n'est que malentendu : le père soupçonne injustement le fils d'être indifférent à l'entreprise alors que le fils voit dans la présence constante du père le refus de passer la main.

Une affaire de passion

Autre point commun entre ces dirigeants, la passion pour leur produit. Quand on voit Monsieur Pommerel déguster un cognac ou Jean Barnery caresser le fameux service ivoire, dans lequel il veut voir un nouveau souffle pour la Fabrique (notez la majuscule !), on songe à un Palissy qui brûle ses meubles pour perfectionner sa technique, ou à un Vatel qui se suicide pour un plat manqué – sans doute ces deux-là seraient-ils capables de la même démesure. Jacques Chardonne souligne que ce lien très fort avec le produit caractérise non seulement ceux qui vendent, mais aussi ceux qui achètent. L'attachement à la marque et à l'excellence du produit est la plus grande richesse de ces deux entreprises. Dirigées par des passionnés et pour des passionnés, elles reposent, tout compte fait, sur des fondations bien fragiles : « *Cette industrie, ces bâtiments de granit et de vitrage, remplis d'une foule confiante, et ces chargements de porcelaine qui tout le jour passent la grille existent par miracle : le goût instable de la beauté, la mode, le prestige d'un nom, prodiges fragiles, courants capricieux de l'atmosphère, qu'un homme adroit parvient un moment à se concilier. »* Le romancier souligne à plusieurs reprises que cet actif immatériel peut s'effondrer à tout moment.

Le génie du chef

Avec des bases aussi subtiles et ténues, la présence d'un chef éclairé est une condition de survie. Robert Barnery en est la figure la plus brillante, puisque c'est lui qui a permis à la petite entreprise de porcelaine créée par son père de changer d'échelle.

Son génie se traduit de multiples façons, et d'abord par une « *capacité à innover tous les jours* », qui offre un contrepoint à Monsieur Pommerel, dont l'intelligence consiste essentiellement à respecter les règles édictées par les générations précédentes.

Surtout, Robert Barnery se caractérise par une infaillibilité quasi magique, précisément parce que c'est le chef. Il sait tout, contrôle tout, maîtrise tout, devine tout. Les bons chefs d'entreprise sont « *des espèces de médium en rapport avec les fées de l'air* ». Son neveu Jean expliquera plus loin, non sans gêne, qu'il a hérité de cette force comme d'un don magique : « *Je peux remplacer un ouvrier par un autre ou par une machine, changer le personnel des techniciens, mais on ne peut pas me remplacer sans dommage pour tous, avant que j'aie formé un successeur pris à la même source. Cela, qui est mystère et vérité, n'est pas croyable, et c'est gênant à dire.* » Avant même d'être un gestionnaire habile, le chef d'entreprise est un gourou, un initié, un magicien. Rarement cette fonction aura-t-elle eu des accents aussi mystiques.

C'est d'ailleurs cette idée de prédestination qui conduit finalement Jean à accepter la succession de son oncle, après avoir d'abord refusé la demande de sa famille. Ce refus a mené à une erreur de casting : faute de mieux, c'est l'un des fils de Robert Barnery qui a d'abord repris la direction. Par ses erreurs, il a confirmé très vite ce que tous soupçonnaient : ce n'était pas lui l'Appelé, l'Élu.

Le bien-être des ouvriers au second plan

La direction d'une entreprise étant une sorte de guerre sainte, il va de soi que le bien-être des ouvriers est une question secondaire. Tant pis pour eux s'ils aspirent des poussières qui tuent, ou s'il faut congédier un employé fidèle depuis vingt ans pour une faute légère. Ce sont là des dommages collatéraux, regrettables mais inévitables : « *Nous sommes engagés dans une autre bataille qui exige de grandes réserves d'argent et où il faut inventer sans cesse, vaincre tous les jours, sauver tout le monde, sans songer aux blessés.* »

Chardonne justifie ce discours brutal par une concurrence mondiale menaçante, dont la description a des accents très contemporains. C'est l'argument, bien connu, selon lequel une politique sociale et salariale trop généreuse serait suicidaire : « *Nous sommes obligés de réduire nos prix de revient, ou nous perdrons le marché de l'Amérique. Nous allons construire une nouvelle usine, mieux outillée. Après, on pensera aux ouvriers.* »

Le dialogue social est d'ailleurs présenté sous un jour très dur. L'échange ci-dessous entre Jean Barnery et son ami d'enfance devenu socialiste l'illustre bien :

« *Mais pourquoi discuter avec le Syndicat. Ils ne veulent pas comprendre. C'est leur force.*

– *C'est ta force aussi.*

– *Nous en sommes là. C'est une question de force.* »

Pour autant, il ne faut pas confondre dureté et indifférence. C'est particulièrement vrai pour Jean Barnery, être torturé et sensible qui a été pasteur puis amoureux à plein temps avant de répondre à l'appel de ses cousins par sens du devoir. Malgré la dureté de son discours, il entre dans son engagement une part de responsabilité sociale, aux couleurs paternalistes : « *Je n'accepterai pas que B & C disparaisse. B & C nourrit des milliers d'ouvriers, et, indirectement, alimente de multiples commerces enchevêtrés, qui vivent de ce grand mouvement de marchandises. Je ne veux pas que ceux qui se sont fiés à B & C, qui ont cru à sa durée, soient abandonnés au milieu d'une ville qui est un désert. »* C'est au nom de leur bien supposé qu'il refuse aux ouvriers toute augmentation de salaire – un calcul qui ne le mènera nulle part puisqu'il sera finalement obligé de se séparer d'une grande partie de ses effectifs.

« On dit que c'est pour le profit, mais on se vante. »

La formule qui résume le mieux la passion fusionnelle et parfois aveugle de ces familles dirigeantes pour leurs entreprises, on la trouve dans la bouche de Julie, fille de Robert Barnery : *« Quelques fois, je pense que tout ce que l'on fait, c'est par amour... On dit que c'est pour le profit, mais on se vante. »*

Une déclaration paradoxale et magnifique, qui donne à l'engagement total de ces patrons une certaine noblesse. Ils font si bien corps avec leur entreprise que Pauline, la femme de Jean, éprouve une crainte superstitieuse à voir la Fabrique dépérir, convaincue que l'état de santé de son mari lui est inextricablement lié, et que le déclin de l'une entraînera celui de l'autre.

Là où cupidité et soif de pouvoir inspireraient un certain dégoût, leur dévouement déraisonnable au *« bien spirituel de la famille »* ne manque pas de grandeur.

UN BÂTISSEUR INSPIRÉ

Mont-Oriol

GUY DE MAUPASSANT

Inspiré par l'histoire de la station auvergnate de Châtel-Guyon, qu'un Maupassant à la santé fragile a fréquentée régulièrement, le roman *Mont-Oriol* raconte la création d'une ville d'eaux.

En cette fin du XIXe siècle, le thermalisme est en vogue, d'autant que le patriotisme exacerbé, depuis la défaite contre la Prusse en 1870, incite les médecins à promouvoir les eaux françaises. Poussant comme des champignons, les stations thermales s'accompagnent de vastes projets immobiliers, qui représentent un enjeu économique important et suscitent toutes les convoitises. Lorsqu'il dépeint les conflits qui font rage, chez les médecins comme chez les investisseurs, le roman de Maupassant s'appuie sur des faits réels.

Ce premier récit, consacré à la naissance d'une ville d'eaux auvergnate, s'entremêle avec une histoire d'amour passionnée entre la femme du génial bâtisseur Andermatt et un « pseudo artiste » sensible et délicat.

Mont-Oriol, paru en feuilleton dans *Gil Blas* en 1886 et 1887, est sans doute aujourd'hui le moins connu des romans de Maupassant. Pourtant, ce livre à double intrigue illustre tout le talent de l'écrivain, notamment à travers une description brillante de la société de son époque. De même que dans sa célèbre nouvelle *Boule de Suif*, Maupassant n'épargne personne, les portraits les plus cruels étant probablement ceux des représentants du corps médical. À travers la personnalité d'Andermatt, homme d'affaires audacieux, passionné et inspiré, *Mont-Oriol* offre également au lecteur un remarquable portrait d'entrepreneur.

Andermatt parlait avec animation. Il avait passé l'après-midi à causer avec le docteur Latonne, laissant couler, avec les paroles, de grands projets sur Enval.

Le docteur lui avait énuméré, avec une conviction ardente, les mérites surprenants de son eau, bien supérieure à celle de Châtel-Guyon, dont la vogue cependant s'était définitivement affirmée depuis deux ans.

Donc on avait, à droite, ce trou de Royat en pleine fortune, en plein triomphe, et à gauche, ce trou de Châtel-Guyon tout à fait lancé depuis peu ! Que ne ferait-on pas avec Enval, en sachant s'y prendre !

Il disait, s'adressant à l'ingénieur : "Oui, Monsieur, tout est là, savoir s'y prendre. Tout est affaire d'adresse, de tact, d'opportunisme et d'audace. Pour créer une ville d'eaux il faut savoir la lancer, rien de plus, et pour la lancer, il faut intéresser dans l'affaire le grand corps médical de Paris. Moi, Monsieur, je réussis toujours ce que j'entreprends, parce que je cherche toujours le moyen pratique, le seul qui doit déterminer le succès dans chaque cas spécial dont je m'occupe ; et tant que je ne l'ai pas trouvé, je ne fais rien, j'attends. Il ne suffit pas d'avoir de l'eau, il faut la faire boire ; et pour la faire boire, il ne suffit pas de crier soi-même dans les journaux et ailleurs qu'elle est sans rivale ! Il faut savoir le faire dire discrètement par les seuls hommes qui aient de l'action sur le public buveur, sur le public malade dont nous avons besoin, sur le public particulièrement crédule qui paye les médicaments, par les médecins. Ne parlez au tribunal que par les avocats ; il n'entend qu'eux, il ne comprend qu'eux ; ne parlez au malade que par les médecins, il n'écoute qu'eux."

Le marquis, qui admirait beaucoup le grand sens pratique et sûr de son gendre, s'écria : « Ah ! voilà qui est vrai ! Vous, d'ailleurs, mon cher, vous êtes unique pour toucher juste. »

Andermatt, excité, reprit : « Il y aurait une fortune à faire ici. Le pays est admirable, le climat excellent ; une seule chose m'inquiète : aurions-nous assez d'eau pour un grand établissement ? car les choses faites à moitié avortent toujours ! Il nous faudrait un grand établissement et, par conséquent, beaucoup d'eau, assez d'eau pour alimenter deux cents baignoires en même temps, avec un courant rapide et continu ; et la nouvelle source, jointe à l'ancienne, n'en alimenterait pas cinquante, quoi qu'en dise le docteur Latonne... »

© *Mont-Oriol*, Guy de Maupassant, Folio Classique, Gallimard, 1967 et 2002

Peinture assassine de la société du Second Empire, le roman de Maupassant montre l'ensemble des classes sociales sous un jour très critique. C'est à la lumière de ce pessimisme général, caractéristique de toute son œuvre, qu'il faut aborder le portrait d'Andermatt, le brillant entrepreneur qui lance une station thermale. Antipathique par certains aspects, l'homme d'affaires paraît néanmoins, par contraste, plus attachant que tous les autres. Sur le plan professionnel, il réunit toutes les qualités du chef d'entreprise.

Les entrepreneurs ont au moins le mérite d'être efficaces

Premiers objets de la vindicte du romancier, les aristocrates, représentés par la belle-famille d'Andermatt, apparaissent nonchalants, décadents, parasitaires, dénués de toute morale et condamnés à la ruine... l'ensemble de ces caractéristiques s'aggravant d'une génération à l'autre.

Les médecins, qui jouent un rôle éminent dans le microcosme d'une ville de cure, sont incapables, cupides et carriéristes. Leurs pratiques de charlatans donnent lieu à des scènes irrésistibles, dans lesquelles Maupassant, qui les a beaucoup fréquentés, règle ses comptes : coups bas, lavages d'estomac administrés par un médecin sadique « *avec une joie enfantine* », salle de gymnastique automotrice où ceux qui transpirent le plus sont les employés qui actionnent les appareils de musculation ! Quant aux paysans, représentés par le Père Oriol et son fils, heureux propriétaires de la source thermale et des terres avoisinantes, ils sont ignares, retors, calculateurs et cupides. La vie du Père Oriol se résume tout entière à l'obsession d'optimiser son patrimoine – qui compte, au milieu d'une liste impressionnante de terres, deux filles dont la valeur marchande doit être négociée au mieux.

Au milieu de cette galerie de portraits, le personnage d'Andermatt, homme d'affaires talentueux qui développe une ville d'eaux par la seule force de sa volonté, paraît plus nuancé. Certes, il apparaît d'abord trivial, dans son apparence physique comme dans ses préoccupations.

Le mépris des hommes d'affaires que Maupassant prête à Paul Brétigny, l'amant de Christiane Andermatt, reflète ses propres réticences à l'égard de cette profession dépourvue de noblesse. Alors que Paul Brétigny est un être sensible et délicat, épris de musique, de paysages et de femmes, Andermatt a la vulgarité d'aimer l'argent. D'où sa capacité presque surnaturelle à évaluer d'un coup d'œil la valeur marchande des choses, ou encore son « *envie irrésistible d'embrasser les gens qui lui apportaient de l'argent pour ses entreprises* ». Cet enthousiasme est d'autant plus coupable que l'écrivain précise, un peu plus loin, qu'Andermatt oublie presque d'embrasser Christiane au moment des adieux, ayant l'esprit trop plein de ses projets – autrement dit, il montre plus de sentiments pour l'argent que pour sa femme ! Pour un lecteur contemporain, ce goût de l'argent est surtout choquant par le fait que Maupassant, avec un antisémitisme bien de son époque, l'impute largement à ce qu'il appelle « *sa race* ».

En même temps, Andermatt fait preuve de plus de qualités personnelles que tout son entourage. Il a beau professer un certain cynisme (« *La nature humaine est invariable, il faut la connaître et s'en servir* »), il se montre généreux avec sa belle-famille aristocrate, dont il mesure pourtant le mépris. C'est aussi lui qui sauve son beau-frère Gontran d'une déchéance inéluctable en lui recommandant un mariage avec l'une des filles Oriol. Sur le plan social, c'est une mésalliance, mais pour cet incapable, c'est bel et bien la seule planche de salut possible.

Relever le défi de la création d'entreprise

Surtout, en dépit de son goût de l'argent, Andermatt est porté par sa passion d'entreprendre bien plus que par l'appât du gain. Tout comme Haverkamp, autre personnage de roman créé quelques décennies plus tard par Jules Romains, l'homme d'affaires créé par Maupassant est un bâtisseur, qui considère la construction de cette station thermale comme une aventure, un défi, une bataille qui réclame toute son intelligence. On le voit bien dans l'extrait présenté ici, où Andermatt expose sa stratégie avec des termes militaires : « *troupiers* », « *lieutenants* », « *généraux* », « *ennemi* », « *entraîner* ».

Ce défi de la création d'entreprise, on comprend vite qu'il a toutes les qualités pour le relever avec brio. Premier atout, sa vivacité d'esprit, qui lui permet de saisir les opportunités au vol. Apprenant au hasard d'un dîner des informations géologiques prometteuses concernant le site de Mont-Oriol, il les traduit immédiatement en potentiel commercial et prend aussitôt les décisions qui s'imposent.

Autre point fort : son talent pour les négociations. Andermatt sait jauger les situations et les hommes, et adapter son comportement en fonction. Il se montre tour à tour séducteur face aux autorités locales, en organisant une fête de charité, puis irréductible vis-à-vis du Père Oriol, dont les exigences initiales sont délirantes. En matière de communication, il excelle tout autant, organisant à point nommé des dîners de célébration fastueux et des inaugurations spectaculaires, qui relèveraient aujourd'hui de la « création d'événements ».

Une remarquable ingéniosité commerciale

Convaincu qu'une réclame grossière serait vaine, l'homme d'affaires décide d'axer toute sa stratégie sur les prescripteurs, en l'occurrence les médecins. De fait, ces derniers joueront un rôle central dans le succès de la station. C'est là une approche visionnaire, qui préfigure les stratégies de buzz ou de marketing viral qui sont en vogue aujourd'hui.

Pour faire venir les médecins et leurs « contingents de malades », il imagine ainsi un montage innovant et audacieux. La société thermale met à leur disposition gratuite des chalets flambant neufs, qu'ils pourront ensuite acheter s'ils le souhaitent. L'opération ne lui coûte pas un sou : la « Société Bernoise des Chalets Mobiles » accepte de monter les habitations gracieusement, dans l'espoir de faire sa promotion et de les vendre par la suite. Quant au terrain, la société le leur offre, pour les inciter à s'installer – idée particulièrement sacrilège aux yeux de son associé paysan ! La démarche n'est pas sans rappeler celle des laboratoires pharmaceutiques, qui, pendant des années, ont acheté la bienveillance des médecins à grand renfort de congrès organisés dans des destinations de rêve. De l'art de corrompre d'une façon pas trop voyante...

Confiance et pragmatisme

Toutes ces qualités d'Andermatt sont portées par une grande confiance en lui : « *Moi, Monsieur, je réussis toujours ce que j'entreprends* », déclare-t-il ainsi, tout de go, dans un moment d'enthousiasme. Une telle arrogance serait dangereuse si elle n'était tempérée par une patience teintée d'une forme d'humilité : « *Je cherche toujours le moyen pratique, le seul qui doit déterminer le succès dans chaque cas spécial dont je m'occupe ; et tant que je ne l'ai pas trouvé, je ne fais rien, j'attends.* »

Par ailleurs, on le voit dans l'extrait présenté, Andermatt se considère moins comme un génie individuel que comme le représentant d'une caste d'hommes d'affaires audacieux et talentueux. L'emploi du « *nous* », à plusieurs reprises, atteste de ce sentiment d'appartenance à une nouvelle génération d'entrepreneurs. Ces hommes-là sont des « battants », que rien ne saurait arrêter dans leur élan.

En somme, même si elles ne sont pas aussi nobles que la création artistique, les affaires sont un domaine dans lequel on peut déployer intelligence et finesse. Surtout, menées avec talent, elles aboutissent à des résultats tangibles et durables. Une qualité qui ressort d'autant plus qu'elle contraste avec le néant tragique qui vient conclure l'histoire d'amour. À la fin du roman, Christiane Andermatt a perdu son amant et ses illusions. Pendant le même temps, son mari a bâti une ville.

Chapitre 7

LES SENIORS AU TRAVAIL : RINGARDS OU PASSIONNÉS ?

D'abord une mauvaise nouvelle : les seniors au travail ne sont pas forcément mieux traités dans la littérature que dans la vraie vie – rappelons qu'il a fallu une loi récente pour obliger les employeurs à se préoccuper de leur sort, c'est dire si cela va mal.

Côté salariés, c'est en effet la déprime la plus noire. Pas de sexagénaire fringant en vue, mais des malheureux usés, épuisés, abusés. Les écrivains dénoncent avec force la façon scandaleuse dont un système économique inhumain maltraite les plus anciens ; l'illustration la plus célèbre en est sans doute le commis voyageur d'Arthur Miller, anéanti par trente-cinq ans de route et envoyé au rebut comme un objet hors d'usage. Le vieil ouvrier de *L'Établi* ou l'électricien quinquagénaire de *Retour aux mots sauvages* sont traités avec la même brutalité : aucune considération pour leur savoir-faire, leur engagement, leur personne.

Côté entrepreneurs, en revanche, la littérature nous offre des portraits à la fois moins sombres et moins uniformes. Entre le négociant de cognac traditionaliste des *Destinées sentimentales*, le financier diabolique de *L'Argent* et la femme d'affaires courageuse et inspirée de *La Promesse de l'aube*, rien de commun, si ce n'est leur passion. Quête de perfection, soif de gloire ou amour maternel sans limites, ces fortes personnalités sont mues tout entières par leurs sentiments et leurs rêves. Sous cet aspect, ils n'ont rien à envier à la jeunesse.

« *PRESSER UN HOMME COMME UN CITRON* »

Mort d'un commis voyageur
ARTHUR MILLER

Montée pour la première fois à New York en 1949, *Mort d'un commis voyageur* est vite devenue l'une des pièces de théâtre les plus célèbres du répertoire contemporain – depuis sa création, elle est jouée régulièrement dans le monde entier.

Le personnage principal est un représentant de commerce sexagénaire, épuisé par trente-cinq années à parcourir les routes de la Nouvelle-Angleterre. Carrière professionnelle, situation financière, vie de famille : le malheureux Willy Loman a échoué sur tous les plans. Incapable d'affronter ce fiasco, l'homme se réfugie dans un monde d'illusions. Il contemple toute son existence passée et présente à travers un prisme mensonger, travestissant ainsi une réalité tragique.

Ponctuée de flash-back venant éclairer les origines de ce ratage, *Mort d'un commis voyageur* est une pièce poignante sur la vie de famille, et en particulier sur les relations entre père et fils. En même temps, l'œuvre d'Arthur Miller dresse un portrait terrifiant des États-Unis dans les années 40. Un rêve américain en forme de mirage, une société de consommation qui voue un véritable culte à la réussite matérielle, des entreprises qui traitent leurs employés de façon inhumaine. La fin, terrible, montre que les hommes sont devenus des biens comme les autres, qui ont une valeur marchande comme les autres.

Linda. C'est un homme épuisé, épuisé, c'est tout…

Happy. Voilà !

Linda. Un tout petit bonhomme de rien du tout, après une toute petite vie de rien du tout, peut finir par se retrouver aussi épuisé par son petit travail de rien du tout, que le président des États-Unis lui-même ! *(Bref silence puis elle reprend.)* Il tourne pour cette Compagnie Wagner depuis trente-cinq ans ; en août cela fera trente-six, pour eux, à leur profit, jour après jour, il a passé trente-cinq ans de sa vie sur les routes, loin de sa famille, ouvrant de nouveaux marchés, arrachant à la concurrence dans chaque petite ville de Nouvelle-Angleterre de nouveaux clients, et maintenant la Compagnie Wagner, pour le remercier sans doute de ces trente-cinq ans de bons et loyaux services, lui retire son fixe !

Happy. Quoi ? Mais je savais pas !

Linda. Et comment l'aurais-tu su ? Est-ce que tu t'intéresses à lui, à nous, depuis que tu gagnes de quoi ne plus nous demander ton argent de poche ?

Happy. Ah non non non non maman, pardon, merde ! Je vous ai même passé du pognon à…

Linda. À Noël, cinquante dollars pour le chauffe-eau, merci ! Seulement le plombier nous en a facturé quatre-vingt-dix, tu vois, tu dates déjà ! *(Un temps, puis elle conclut simplement.)* Depuis cinq semaines, il n'a plus de fixe. Ils l'ont remis à la commission, à la guelte, comme n'importe quel petit débutant à l'essai…

Biff *(animé du désir de casser quelque chose)*. Salauds, salauds ! Bande de pourris !

Linda. Vraiment ? Tu penses cela Biff ? Tu penses qu'ils sont pires que ses propres fils ? Que veux-tu, il a vieilli, il ne vous fait plus de cadeaux en rentrant de tournée et sans doute qu'il ne leur ramène plus assez de commandes. Tous ses amis, tous les vieux de la vieille, acheteurs, clients de toujours, sont morts ou à la retraite ; maintenant, il se retrouve en face de types dans votre genre. Avant il faisait six, sept clients par jour, maintenant, rien que sortir les valises puis les remettre dans le coffre sans avoir eu seulement l'occasion de les ouvrir l'épuise. Qu'il fasse mille kilomètres ou vingt qu'est-ce que ça change ? Personne ne le connaît, plus personne ne l'attend, même ses blagues ne font plus rire personne… Alors pourquoi ne parlerait-il pas un peu tout seul, hein, pourquoi ? À qui voulez-vous qu'il raconte son tout dernier exploit ? Comment, par exemple, il emprunte, chaque semaine, cinquante dollars à Charley pour me faire croire qu'il touche encore son fixe ?

Biff. Dieu de Dieu maman !…

Linda. Et tu me dis qu'il n'a pas de cran ! Lui, l'homme qui a eu l'estomac de raconter les mêmes blagues pendant trente-cinq ans, aux mêmes gens, pour que vous, vous ne manquiez jamais de rien ! Mais Dieu merci, fini de rire, maintenant il a enfin sa récompense, l'un de ses deux fils est devenu le célèbre coureur et trousseur de jupons Happy Loman, champion local mais champion quand…

Happy (*la coupant*). Maman, merde ! non, merde !

Linda. Ne sois pas modeste Happy, tu es réellement une célébrité… Pas une commerçante, par ici, qui ne me parle de tes exploits. Quant à l'autre… (*Elle gémit*). Où est passé l'amour que tu lui portais, Biff, où ? Vous étiez tellement unis ! Vous vous parliez tous les soirs au téléphone, il se sentait si seul loin de nous, loin de toi !

Biff (*après un temps*). Maman, je vais m'installer ici, je trouverai du boulot ; on s'évitera, c'est tout.

Linda. Non Biff, tu ne peux pas rester ici en te disputant sans cesse avec lui…

Biff. C'est lui qui m'a mis à la porte, maman, souviens-toi !

Linda. Pourquoi a-t-il fait ça Biff, pourquoi ?

Biff. Demande-lui…

Linda (*criant*). C'est à toi que je le demande, Biff !

Biff (*après un temps*). Parce que je sais qui il est et qu'il sait que je le sais !

Linda. Qu'est-ce que ça veut dire à la fin ? Parle plus clairement !

Biff. C'est entre lui et moi. Me foutez pas tout sur le dos c'est tout. Bon, je vous donnerai la moitié de ma paye, il s'en tirera. Bonsoir !

Linda (*calmement*). Non, il ne s'en tirera pas.

Biff (*s'immobilisant*). Je déteste cette ville pourrie maman, et je déteste tous les pourris qui y vivent, et je vais m'y installer, qu'est-ce que tu veux que je fasse de plus ?

Linda (*constatant*). Il est en train de mourir Biff…

Biff. Tout le monde est en train de mourir maman !

Linda (*après un temps*). Oui mais lui a essayé plusieurs fois déjà d'en finir… (*À Happy.*) Tu te souviens de l'accident, en février ? (*Happy approuve, Biff et lui écoutent intensément.*) L'inspecteur des assurances m'a affirmé qu'il avait des preuves… (*Elle s'arrête.*)

© *Mort d'un commis voyageur*, Arthur Miller, Robert Laffont, 2009

Le tragique échec, professionnel et familial, du représentant de commerce créé par Arthur Miller peut s'interpréter selon une double lecture. D'une part ses faiblesses en tant qu'individu, d'autre part sa condition de victime de la société américaine, et notamment d'un monde du travail sans pitié pour les plus âgés.

Toute une vie de mensonges

L'échec dont Willy Loman souffre le plus, celui qui le dévaste littéralement, c'est celui de son fils aîné Biff, et, dans une moindre mesure, de son frère Happy. Selon un schéma classique, le père a projeté sur ses enfants ses propres rêves inaccomplis, les élevant dans l'idée qu'ils étaient intrinsèquement supérieurs, et donc promis d'office à une existence hors du commun.

Il a fait preuve à leur égard d'une indulgence désastreuse, s'amusant de leurs larcins et ne leur transmettant aucune valeur morale. Au contraire, il leur a présenté la société comme un terrain de lutte et de compétition, où le but ultime est de passer devant les autres : « *Tiens, par exemple, moi, j'arrive dans un bureau d'achats quelque part en Nouvelle-Angleterre, est-ce que je fais la queue comme les autres ? Non ! Il suffit que la secrétaire annonce : Willy Loman, pour qu'aussitôt ce soit mon tour, avant les autres !* » La seule et unique valeur qu'il leur a transmise, c'est l'obsession de la réussite sociale et de l'argent.

À trente-quatre ans, Biff, rongé par sa relation avec son père, est instable et cleptomane. Il a finalement atteint un début d'équilibre dans une vie au grand air et un travail à la ferme, bien concret. Mais son père, qui ne juge une existence et un métier qu'en fonction du seul salaire, méprise ce choix.

Happy, plus jeune de deux ans, occupe un poste subalterne et s'intéresse exclusivement à son tableau de chasse de conquêtes féminines. « *Il est égaré comme son frère mais il ne le sait pas encore* », précise Arthur Miller dans la pièce même, par une didascalie en forme de constat tragique et irrémédiable.

Brisé par leur échec, leur père en porte pourtant une large part de responsabilité : « *Tu m'as donné une si haute opinion de moi-même, en m'abreuvant sans cesse de tes boniments, que je n'ai jamais été foutu d'accepter le moindre ordre, venant de qui que ce soit, voilà à qui la faute* », explique Biff lors du règlement de compte final.

Willy Loman est aussi un mari médiocre : sa femme compréhensive et aimante, qui constitue son dernier repère et son seul soutien, il l'a trompée. Lorsque Biff a découvert l'infidélité de ce père toujours prompt à chanter les louanges de la famille, le choc a été terrible. Au point qu'il s'est sabordé : alors même qu'il était sur le point de rentrer dans une grande université, il a renoncé à un avenir tout tracé de grand sportif.

En somme, en faisant de sa vie un tissu de boniments plus mensongers encore que ses fadaises commerciales, Willy Loman a semé le malheur autour de lui.

Victime de la société américaine

En même temps, les travers du personnage sont inséparables de la société qui l'entoure, et qui a contribué à l'égarer. Dans sa naïveté, il a cru qu'il suffisait d'être débrouillard pour s'élever socialement, voire pour faire fortune, encouragé en cela par la figure de Ben, frère aîné à la réussite spectaculaire – ce dernier vient régulièrement le visiter sous la forme d'un spectre. Non seulement le commis voyageur a gobé tout cru le rêve américain, mais il adhère pleinement à la société de consommation, avec pour conséquence un endettement qui le prend à la gorge. Son existence est une course permanente contre les sociétés de crédits... et contre la casse : il a tout juste le temps de payer les dernières traites des appareils électroménagers avant qu'ils ne rendent l'âme.

De même, les règles impitoyables du monde du travail ont contribué à le détruire, après trente-cinq années de bons et loyaux services à parcourir les routes pour la même entreprise.

Certes, on peut supposer qu'il n'a jamais été un très bon vendeur. Il évoque sa période de gloire avec de telles rodomontades, parsemées de métaphores militaires, qu'il est difficile de faire la part des choses. « *Je suis la Nouvelle-Angleterre* », n'hésite-t-il pas à affirmer dans un moment de grandiloquence. En réalité, on apprend qu'il a toujours embelli les chiffres annoncés à sa femme, tout comme il s'est leurré constamment quant à l'étroitesse du lien entre ses clients et lui.

Malgré tout, comme le rappelle Linda dans l'extrait présenté, il a été un travailleur loyal et courageux, sacrifiant à son travail une vie de famille à laquelle il était pourtant très attaché.

En face, l'entreprise n'a pas de reconnaissance, pas de mémoire, pas de parole. Dans la première partie de sa carrière, Willy Loman pouvait s'appuyer sur une relation privilégiée avec son patron Franck Wagner. Mais le fils Howard, qui a pris la relève à la mort de son père, se moque de ces vieilles histoires sentimentales. Sa dureté contraste avec la tendance du vieux représentant de commerce à tout placer sur le plan affectif. Willy Loman se fait ainsi le défenseur d'un commerce « à l'ancienne », plus humain, appuyant sa démonstration sur une évocation du vieux Dave Singleman, archétype du vendeur d'autrefois : « *Il était aimé Howard, aimé c'est fou ! Quand il est mort dans le wagon-bar du New-York-New Haven-Hartford, ses pantoufles vertes aux pieds, son verre de bière à la main, oui, quand cet homme-là est mort de cette mort de commis voyageur, ç'a été colossal ; des centaines de représentants, de placiers, de démarcheurs, d'acheteurs, de grossistes sont venus, et à son enterrement, tous répétaient ses blagues, ses histoires, tous relataient ses exploits, ses plus gros réassorts à l'intersaison : à l'époque la qualité humaine d'un homme, Howard, son caractère, son humour, sa gentillesse, comptaient plus que la marchandise qu'il représentait : on se sentait unis, tous on faisait des affaires entre nous, oui, mais avant tout on se parlait, on s'aimait. Aujourd'hui c'est fini, tout est froid, sec, dur, l'amitié, la confiance, la solidarité, on ne veut plus en entendre parler, on en ricane même ! Quant à la personnalité humaine, on s'en fout, on crache dessus et on ne pense qu'à piétiner le copain, qu'à l'enfoncer plus bas que terre !* »

Bien entendu, cette référence constante à des pratiques commerciales disparues et idéalisées ne fait que le desservir, en exacerbant le conflit de générations. Plus il revendique de placer les choses sur un registre sentimental, plus l'entreprise repositionne le débat sur le plan du professionnalisme et de la performance.

Des moments de lucidité terribles

Or, sa performance, justement, est de plus en plus médiocre, comme il le reconnaît lui-même dans de terribles moments de lucidité : « *Les autres, je sais pas, vont plus vite, ils ont le temps de faire deux, trois, quatre clients, pendant que moi j'en fais qu'un ! Je parle trop tu comprends, je parle trop. J'essaye de parler moins mais c'est plus fort que moi, blablablablablabla ! Bon Dieu, je devrais être quand même capable, depuis le temps, d'arracher une commande sans me sentir obligé de raconter ma vie en prime !* » Ou, un peu plus loin : « *Je me sens tellement seul, des fois, surtout quand les affaires vont mal, alors j'ai l'impression de ne plus être foutu de vendre quoi que ce soit à qui que ce soit.* »

De fait, tout ce que l'entreprise retient de lui, c'est qu'il est vieux, fatigué et moins efficace que la nouvelle génération de vendeurs. Résultat : on refuse de le muter à New York malgré la promesse qui lui en a été faite. Pire, on pousse l'inhumanité jusqu'à lui retirer son salaire fixe, comme à un débutant.

« *On ne peut pas presser un homme comme un citron, un homme n'est pas un citron Howard, on ne peut pas en jeter la pelure après usage !* », plaide-t-il lors d'un entretien poignant avec son jeune patron.

La mort comme une transaction commerciale

Acculé, déprimé, guetté par la folie, le représentant de commerce décide finalement de se suicider, afin que sa famille touche son assurance-vie et soit ainsi à l'abri de la misère. « *Il s'agit d'une transaction commerciale Ben ! D'un côté je ne vaux plus un clou, zéro, bon, mais de l'autre, je rapporte encore vingt mille dollars à ma famille.* » Dans cette fin sordide, c'est donc le commerce qui a le dernier mot : « *Vingt mille dollars, payés cash, dès réception du corps de la bête.* » Ironie suprême, alors que le commis voyageur avait rêvé d'une foule rassemblée pour son enterrement, il n'y aura que cinq personnes dans le cortège.

Heureusement, la belle oraison funèbre de son voisin Charley, qui appelle Biff à l'indulgence, vient nuancer cette horrible conclusion : « *Qui sait de quoi un homme est fait, Biff, surtout un commis voyageur ?... Essaie d'en peser un pour voir ! Plus léger que l'air, il te filera entre les doigts, il plane bien haut dans les nuages, chevauchant sa valise d'échantillons, avec son sourire' comme armure et ses chaussures bien cirées comme stratégie. Qu'une tache vienne salir son chapeau, et le voilà qui dégringole, mais qu'un vieux client perdu lui rende son sourire et le voilà reparti vers les sommets ! Non, il ne dicte pas de lois, il ne construit ni maison, ni ponts, ni usines, il ne donne ni médecine, ni remèdes, il parle, il parle, il parle, d'une ville à l'autre, il court apporter un bon mot et la promesse d'une saison heureuse et fructueuse. Ne cherche pas à savoir de quoi il est fait, Biff, il est tissé de cette soie impalpable dont sont tissés nos rêves, comme eux, il nous est totalement inutile et totalement indispensable ! N'essaie jamais, Biff, de demander des comptes à ce commis voyageur-là, remercie-le plutôt d'avoir déployé tant d'énergie pour vendre tant de vent et faire si peu de mal, remercie-le de son sourire, de son air toujours affairé, de son espoir toujours affiché, et surtout de ses rêves, laissés en gage gracieusement à chaque membre de son aimable clientèle... »* Magnifique contrepoint final, cette vision poétique et émouvante vient rendre au vieux représentant fatigué toute son humanité.

L'USINE, MACHINE À BROYER LES HOMMES

L'Établi

ROBERT LINHART

L'Établi raconte l'expérience vécue par le sociologue Robert Linhart comme ouvrier dans l'usine Citroën de Choisy, de 1968 à 1969. Le titre a un double sens : il désigne la table du travailleur manuel mais aussi le statut de Robert Linhart pendant cette période d'immersion. Les militants intellectuels qui se faisaient embaucher dans les usines ou les docks pour mobiliser la classe ouvrière appelaient en effet cette démarche « l'établissement » – la pratique a perduré pendant toute la décennie 70.

Caractère inhumain du travail à la chaîne, cadences infernales, humiliation permanente, racisme institutionnalisé : le Normalien maoïste dresse un tableau terrible du quotidien des ouvriers, en grande majorité immigrés.

Bien sûr, *L'Établi* est l'écrit d'un homme engagé, aux convictions politiques extrémistes. Sa position n'est pas celle d'un témoin se prévalant d'objectivité mais celle d'un militant, venu pour faire changer les choses de l'intérieur – il y parviendra dans une certaine mesure, en organisant une grève. Mais cette absence assumée de neutralité n'enlève rien à la force de son témoignage, porté par une très belle écriture. Tout comme la philosophe Simone Weil l'a fait trente-cinq ans plus tôt dans son journal, publié sous le titre de *La Condition ouvrière*, Robert Linhart montre avec force comment le travail en usine peut devenir inhumain.

> Il travaille penché, à dix ou vingt centimètres du métal, précis au coup de lime ou de marteau près, ne se reculant que pour éviter la gerbe d'étincelles de la soudure ou la volée de copeaux métalliques du ponçage. Un artisan,

presque un artiste.

Le plus étonnant, c'est son établi.

Un engin indéfinissable, fait de morceaux de ferraille et de tiges, de supports hétéroclites, d'étaux improvisés pour caler les pièces, avec des trous partout et une allure d'instabilité inquiétante. Ce n'est qu'une apparence. Jamais l'établi ne l'a trahi ni ne s'est effondré. Et, quand on le regarde travailler pendant un temps assez long, on comprend que toutes les apparentes imperfections de l'établi ont leur utilité : par cette fente, il peut glisser un instrument qui servira à caler une partie cachée ; par ce trou, il passera la tige d'une soudure difficile ; par cet espace vide, en dessous – qui rend l'ensemble si fragile d'apparence –, il pourra faire un complément de martelage sans avoir à retourner la portière déjà calée. Cet établi bricolé, il l'a confectionné lui-même, modifié, transformé, complété. Maintenant, il fait corps avec, il en connaît les ressources par cœur : deux tours de vis ici, trois tours d'écrou là, une cale remontée de deux crans, une inclinaison rectifiée de quelques degrés, et la portière se présente exactement comme il faut pour qu'il puisse souder, polir, limer, marteler, à l'endroit précis de la retouche, aussi excentrique et difficile d'accès qu'elle puisse être – par-dessus, par-dessous, de côté, aux angles, en biais, dans l'intérieur d'une courbe, à l'extrémité d'un rebord. [...]

Son âge, sa qualification, son expérience, tout cela fait qu'il jouit d'un certain respect. On ne le tutoie pas, on évite de le charrier d'une bourrade. Même le contremaître et le chef d'équipe modifient un peu leur ton habituel pour lui parler. Presque de la courtoisie.

[Peu après, le vieil ouvrier se voit retirer brutalement son établi, qui a été remplacé par du matériel standard, évidemment beaucoup moins adapté.]

[...]

Quelle crapulerie. Il le sait bien, Gravier, que le nouvel établi ne vaut rien. Il le sait bien, que ce n'est pas la faute du vieux. Antoine, le chef d'équipe, le sait aussi. Tout l'atelier de soudure connaît bien Demarcy, sa précision, son expérience. Mais personne ne le dira. Personne ne dira rien. Le bureau des méthodes a toujours raison. Et on ne tient pas tête à un directeur du niveau de Bineau.

Le vieux dut avaler son humiliation jusqu'au bout. Jusqu'à la dernière minute de sa journée de travail. Penché, maladroit et incertain, sur un travail devenu brusquement étrange et redoutable. Avec toute cette bande autour de lui, comme s'ils faisaient passer un examen professionnel à un jeunot, à se pousser du coude, à prendre des mines scandalisées, à faire des remarques. Et Gravier qui faisait semblant de lui apprendre son métier (« Mais non, Demarcy, commencez par la soudure ! »), à lui, le vieux professionnel qui n'avait jamais loupé une pièce depuis des années et dont tout le monde avait, jusque-là, respecté l'habileté.

© *L'Établi*, Robert Linhart, Éditions de Minuit, 1978-1981

Récit du quotidien chez Citroën à la fin des années 60, le livre de Robert Linhart montre une usine qui écrase les individus et les prive de leur humanité, pour les rabaisser au rang d'esclaves. On y voit pourtant un ouvrier âgé qui, seul dans une usine de mille deux cents personnes, a miraculeusement réussi à aménager son travail de façon autonome, échappant ainsi à cette brutalité et à cette perte de sens. Mais la grande machine à broyer les hommes ne tolérera pas longtemps ce « *vestige du temps passé* ». L'un des passages les plus émouvants du livre montre comment « *le vieux* » est détruit, comme les autres, son savoir-faire et son âge ne servant qu'à rendre cette destruction plus ignoble et plus déchirante encore.

Les temps modernes

La dénonciation la plus célèbre du travail à la chaîne, on ne la doit pas à la littérature mais au cinéma : chacun a en tête l'image extraordinaire de Charlie Chaplin hanté par les boulons, dans *Les Temps modernes*. Dans un style moins burlesque, Robert Linhart dénonce également de façon très frappante la souffrance particulière qui découle du caractère répétitif d'une tâche : « *Un simulacre absurde de travail, qui se déferait aussitôt achevé sous l'effet de quelque malédiction.* »

En plus de cette impression décourageante d'un travail vain, l'usine se caractérise par une agression de tous les sens, qui envahit l'auteur lorsqu'il y pénètre pour la première fois : « *Trois sensations délimitent cet univers nouveau. L'odeur : une âpre odeur de fer brûlé, de poussière, de ferraille. Le bruit : les vrilles, les rugissements des chalumeaux, le martèlement des tôles. Et la grisaille : tout est gris, les murs de l'atelier, les carcasses métalliques des 2 CV, les combinaisons et les vêtements de travail des ouvriers. Leur visage même paraît gris, comme si s'était inscrit sur leurs traits le reflet blafard des carrosseries qui défilent devant eux. »*

S'ajoute à cela la pression de cadences très dures, en dépit de l'apparente lenteur de la chaîne. Ces dernières plongent le nouveau venu dans la terreur, *« aussi angoissante qu'une noyade »*, de *« couler »*, autrement dit de ne pas réaliser sa tâche au rythme de la chaîne – la philosophe Simone Weil exprime la même angoisse, avec le même verbe, lorsqu'elle fait le choix de s'immerger au sein du monde ouvrier dans les années 30.

Pour Robert Linhart, la chaîne est un ennemi implacable, qui, plus encore que l'appareil d'autorité et de répression, officiel et souterrain, génère une peur de tous les instants : *« Quand il n'y a pas de chef en vue, et que nous oublions les mouchards, ce sont les voitures qui nous surveillent par leur marche rythmée, ce sont nos propres outils qui nous menacent à la moindre inattention, ce sont les engrenages de la chaîne qui nous rappellent brutalement à l'ordre. »*

La négation des compétences

Le travail en usine se caractérise également par la négation des compétences, alors même que la plupart des postes d'ouvriers exigent un véritable savoir-faire malgré une apparence trompeuse de facilité. L'intellectuel « établi » s'avère ainsi incapable de réaliser la soudure à l'étain comme le gainage des vitres – il lui faudra un troisième poste, à la confection des sièges, pour donner enfin satisfaction. *« Au fait, soudeur, j'ai entendu dire que c'est un métier »*, glisse-t-il à son collègue Mouloud, qui tente vainement de lui enseigner le coup de main à son arrivée.

Mais les compétences n'ont aucune place dans la hiérarchie officielle des ouvriers, qui repose sur un racisme institutionnalisé. *« Les Noirs sont M. 1, tout en bas de l'échelle. Les Arabes sont M. 2 ou M. 3. Les Espagnols, les Portugais et les autres immigrés européens sont en général O.S.1. Les Français sont, d'office, O.S.2. Et on devient O.S.3 à la tête du client, selon le bon vouloir des chefs. Voilà pourquoi je suis ouvrier spécialisé et Mouloud manœuvre, voilà pourquoi je gagne quelques centimes de plus par heure, quoi que je sois incapable de faire son travail. »*

Une humiliation permanente

Simone Weil l'écrit dans son journal d'usine : « *Le fait capital n'est pas la souffrance, mais l'humiliation* » – remarque d'autant plus forte que la philosophe, de santé fragile, est à la limite de l'épuisement physique.

Trente ans plus tard, Robert Linhart constate à son tour que les ouvriers sont sous le joug d'un mépris ostensible, qui prend des formes multiples : surveillance, fouille, interdiction de s'asseoir, tutoiement. « *Les mille façons de vous répéter à chaque instant de la journée que vous n'êtes rien. Moins qu'un accessoire de voiture, moins qu'un crochet de chaîne (tout ça, on y fait attention). Rien.* »

Cette humiliation, omniprésente et généralisée, prend un caractère sadique lorsqu'il s'agit d'infliger des brimades individuelles aux « fortes têtes », dont Robert Linhart fait évidemment partie, une fois identifié comme « établi ». Sous le terme ironique d'« *organisation rationnelle du travail* », il montre comment la répartition des tâches entre lui et son collègue Ali, à la manutention des caisses, a été pensée pour contrarier au mieux leurs aptitudes physiques. À celui qui est fragile, on assigne le travail de force, à celui qui est grand, robuste et débordant d'énergie, on confie l'attente interminable dans le froid.

C'est précisément le thème de l'humiliation qui sera retenu pour appeler à la grève, en réaction contre la décision de la direction d'imposer vingt minutes de travail quotidien gratuites, pour compenser le temps perdu lors des « événements » de mai 68. Plutôt que de s'égarer dans des revendications multiples, Primo, le peintre sicilien qui mène le mouvement aux côtés de Robert Linhart, convainc ses camarades de parler, dans leur prospectus, d'honneur et de fierté. Ces mots forts, qui seront traduits en arabe, en espagnol, en portugais et en yougoslave, atteindront leur cible : un tiers des effectifs fera effectivement grève, avec pour conséquence un arrêt de la chaîne.

Un minuscule îlot d'humanité

Face à cet univers que l'auteur compare tantôt à la mort, tantôt à la prison, le vieux retoucheur Demarcy et son établi apparaissent comme un contrepoids bien modeste, mais un contrepoids tout de même. En aménageant lui-même sa méthode et son poste de travail, cet homme discret contraste avec l'univers déshumanisé et normalisé de l'usine. « *On dirait un petit artisan, et il paraît presque déplacé, oublié comme un vestige d'une autre époque dans l'enchaînement répété des mouvements de l'atelier.* »

Dans son rapport à son outil de travail, Demarcy contraste de façon tout aussi radicale avec le reste de l'usine. Il « *fait corps avec son établi* », là où la chaîne de fabrication représente pour les autres ouvriers un ennemi haï. Choqués du contraste entre l'attention respectueuse que les chefs portent aux voitures en cours de production et le mépris dont ils sont eux-mêmes victimes, ces derniers haïssent tout autant les objets qu'ils fabriquent ; c'est là un renversement terrifiant de la tendresse qu'on prête généralement à l'artisan vis-à-vis de l'objet fabriqué. L'auteur, qui haïssait le gris de son premier poste, hait plus encore la couleur de l'atelier de finitions. « *Les carrosseries, les ailes, les portières, les capots, sont lisses, brillants, multicolores. Nous, les ouvriers, nous sommes gris, sales, fripés. La couleur, c'est l'objet qui l'a sucée : il n'en reste plus pour nous. Elle resplendit de tous ses feux, la voiture en cours de fabrication. Elle avance doucement, à travers les étapes de son habillage, elle s'enrichit d'accessoires et de chromes, son intérieur se garnit de tissus douillets, toutes les attentions sont pour elle. Elle se moque de nous. Elle nous nargue.* » Solitaire, silencieux, bien à l'abri dans son îlot miraculeusement préservé, Demarcy vit loin de cette haine, satisfait d'un travail dans lequel il donne toute son habileté.

Du point de vue de l'attitude de la hiérarchie à son égard, l'ouvrier âgé constitue également une exception, sa figure de vieux sage ressuscitant miraculeusement le respect dans un univers de mépris.

Mais la grande machine ne va pas tarder à rejeter ce corps étranger. Au nom de la sacrée sainte normalisation, le service dédié à l'organisation du travail décide de remplacer cet ingénieux établi, fruit de l'intelligence humaine et de longues années d'expérience, par un engin standard. « *Sans prévenir* », trois hommes surgissent un beau matin pour effectuer le remplacement, et, du même coup, détruire tout l'univers du vieil homme.

Ce n'est pas tout : le même jour, le vieil ouvrier habile, à qui rien ne sera épargné, devra faire la démonstration de l'efficacité de ce nouvel engin sous l'œil d'une dizaine de « *grosses légumes* ». Robet Linhart compare la scène avec « *une démonstration d'hôpital, avec professeur, internes, infirmiers, où le vieux ferait le cadavre* ». Paniqué, traumatisé, détruit – la comparaison avec le cadavre n'a rien d'anodin – le vieil homme perd tous ses moyens. Même ceux qui connaissent son savoir-faire et comprennent le désastre du changement de matériel n'élèvent pas un murmure pour le défendre. Pour ce vieil homme, détenteur miraculé d'une dignité professionnelle, il n'y a aucun espoir : « *Peu après, il tomba malade.* »

Pas d'espoir non plus pour l'autre vieil ouvrier présenté dans le livre qui, à l'inverse de Demarcy, s'est totalement effacé. Il a passé ses trente-trois ans chez Citroën à s'étioler, acceptant, en somme, de se rabaisser au rang de chose. Albert n'a plus qu'une occupation : « *compter les jours qui le séparaient de la retraite.* » Mais il mourra d'une crise cardiaque un mois après son départ. « *Image fugitive : un vieil oiseau qui a toujours vécu en cage. Un jour, on finit par le lâcher. Il croit s'élancer, ivre, vers la liberté. Mais il ne sait plus. C'est trop fort, trop neuf. Ses ailes atrophiées ne savent plus voler. Il s'effondre comme une masse et crève en silence, juste devant la porte enfin ouverte de la cage.* »

Malgré leurs différences, les vieux ouvriers Demarcy et Albert sont deux figures d'un même système, qui vise la destruction de l'individu. Les seniors y sont des « non-hommes » comme les autres.

ENTREPRENDRE POUR DÉFIER LE TEMPS

L'Argent
ÉMILE ZOLA

Pour une présentation générale de l'œuvre, voir page 103.

> Maintenant, il attendait ses asperges, absent de la salle où l'agitation croissait sans cesse, envahi par des souvenirs. Dans une large glace, en face, il venait d'apercevoir son image ; et elle l'avait surpris. L'âge ne mordait pas sur sa petite personne, ses cinquante ans n'en paraissaient guère que trente-huit, il gardait une maigreur, une vivacité de jeune homme. Même, avec les années, son visage noir et creusé de marionnette, au nez pointu, aux minces yeux luisants, s'était comme arrangé, avait pris le charme de cette jeunesse persistante, si souple, si active, les cheveux touffus encore, sans un fil blanc. Et, invinciblement, il se rappelait son arrivée à Paris, au lendemain du coup d'État, le soir d'hiver où il était tombé sur le pavé, les poches vides, affamé, ayant toute une rage d'appétits à satisfaire. Ah ! cette première course à travers les rues, lorsque, avant même de défaire sa malle, il avait eu le besoin de se lancer par la ville, avec ses bottes éculées, son paletot graisseux, pour la conquérir ! Depuis cette soirée, il était souvent monté très haut, un fleuve de millions avait coulé entre ses mains, sans que jamais il eût possédé la fortune en esclave, ainsi qu'une chose à soi, dont on dispose, qu'on tient sous clef, vivante, matérielle. Toujours le mensonge, la fiction avait habité ses caisses, que des trous inconnus semblaient vider de leur or. Puis, voilà qu'il se retrouvait sur le pavé, comme à l'époque lointaine du départ, aussi jeune, aussi affamé, inassouvi toujours, torturé du même besoin de jouissances et de conquêtes. Il avait goûté à tout, et il ne s'était pas rassasié, n'ayant pas eu […]

213

l'occasion ni le temps, croyait-il, de mordre assez profondément dans les personnes et dans les choses. À cette heure, il sentait cette misère d'être, sur le pavé, moins qu'un débutant, qu'auraient soutenu l'illusion et l'espoir. Et une fièvre le prenait de tout recommencer pour tout reconquérir, de monter plus haut qu'il n'était jamais monté, de poser enfin le pied sur la cité conquise. Non plus la richesse menteuse de la façade, mais l'édifice solide de la fortune, la vraie royauté de l'or trônant sur des sacs pleins !

© *L'Argent*, Émile Zola, Le Livre de Poche, 1998

Si Aristide Saccard, le personnage principal de *L'Argent*, se lance dans la folle aventure de la création d'une banque, c'est avant tout pour prendre une revanche sur sa déconfiture – dans *La Curée*, Zola raconte les opérations de spéculation immobilière qui le mènent successivement à l'opulence puis à la débâcle. Mais l'âge de l'homme d'affaires joue aussi un rôle important dans son aspiration à reconstituer sa fortune, cette fois d'une façon plus solide – aspiration assez ironique puisque son nouvel empire aura, lui aussi, des fondations purement spéculatives. À cinquante ans, Saccard veut effacer son échec récent, bien plus pathétique aux yeux du monde pour un homme expérimenté que pour un jeune homme. Surtout, il veut se prouver que son goût de l'aventure est intact, et que, malgré son âge, il n'a rien perdu de son ambition démesurée et de sa passion.

Dans l'extrait présenté, Saccard, frappé par l'image de jeunesse que lui renvoie son miroir, sent se ranimer la volonté de conquête de sa jeunesse. Puisque le temps ne semble pas avoir prise sur lui, tout est encore possible : l'aventurier quinquagénaire peut recommencer à zéro.

Tout cela est bien sûr illusoire. En réalité, Saccard n'est pas sorti indemne de ses mésaventures : « *Il sortait vidé, brûlé, de ces dix années de formidables trafics sur les terrains du nouveau Paris, dans lesquels tant d'autres, plus lourds, avaient ramassé de colossales fortunes.* »

Malgré tout, une fois lancé dans l'aventure, l'homme d'affaires oubliera son usure et ses doutes. Il se comportera de bout en bout

MANAGERS, RELISEZ VOS CLASSIQUES !

avec l'inconséquence et la déraison que l'on prête généralement à la jeunesse.

La passion comme gage de jeunesse

Pour souligner que le vieillissement n'est pas une simple affaire d'année de naissance mais aussi un état d'esprit, Zola oppose à plusieurs reprises l'apparence de Saccard à celle de son fils, le premier semblant d'une jeunesse vigoureuse alors que le second, prudent à l'excès, paraît prématurément vieilli. On voit ainsi le père, *« fier de l'imprudence passionnée de ses cinquante ans »*, railler le fils sur ses rhumatismes.

Alors que d'autres éprouvent une certaine gêne à refuser de vieillir, Saccard assume cette position avec l'arrogance de celui qui est convaincu d'échapper au passage du temps. Quand son fils lui demande s'il touche déjà des primes de son affaire, il a cette réponse cinglante : *« Non, justement, je n'ai rien touché du tout, et ce n'est point par sagesse, car, mon petit je suis aussi fier d'avoir toujours vingt ans que tu parais l'être d'en avoir soixante. »*

C'est donc bien ce « jeunisme » acharné qui conduit le financier à rejeter avec virulence tout ce qui pourrait s'apparenter à de la sagesse, qualité généralement associée à l'expérience et à la maturité. Le résultat est un caractère passionné à l'excès, et même une déraison suicidaire. Alors que tous le somment d'arrêter les achats massifs qui gonflent artificiellement le cours des actions de la Banque universelle, le financier continue sa course folle au mépris de toute logique, ce qui est une façon de jouer au jeune homme. Tout au long du roman, Zola fait de Saccard l'incarnation même du caractère excessif : *« Homme d'imagination, voyant trop grand »*, *« poète du million »*, homme qui ne s'échauffe que *« par l'outrance de ses conceptions »*. On le voit ainsi embarqué dans des ambitions délirantes, qui invoquent successivement la figure de Napoléon et celle des Croisés – rappelons que la Banque universelle est censée financer des projets colossaux au Moyen-Orient.

Un des passages les plus drôles du roman montre l'aventurier sans foi ni loi mettre tout son zèle au service d'une œuvre de bienfaisance où le hasard l'a placé quelque temps, grâce à son amitié avec la princesse d'Orviedo. Ayant la même capacité à s'enflammer quel que soit le sujet, il se voit très bien devenir le Bienfaiteur universel, tout comme il se verrait volontiers le Criminel universel s'il était à la tête d'une organisation de malfaiteurs. « *Ce fut, dans son crâne de visionnaire, une idylle géante, l'idylle d'un inconscient, où ne se mêlait aucun désir de racheter ses anciens brigandages financiers. D'autant plus que, tout de même, au bout, il y avait le rêve de sa vie entière, sa conquête de Paris. Être le roi de la charité, le Dieu adoré de la multitude des pauvres, devenir unique et populaire, occuper de lui le monde.* » De fait, il est tellement pris par son ambition à l'Œuvre du Travail qu'il en oublie, pendant quelque temps, d'être malhonnête !

En l'absence de contre-pouvoirs, la personnalité excessive du fondateur de l'Universelle rejaillit directement sur la gestion de la banque : « *Mais Saccard procédait par coups de fièvre, appliquant au terrain financier la méthode de la culture intensive, chauffant, surchauffant le sol, au risque de brûler la récolte.* »

C'est sa passion qui le porte et sa passion qui le perd. Zola l'annonce au tout début du livre, dans une scène où le personnage s'interroge sur son avenir, se demandant s'il n'est pas « *trop passionné pour cette bataille de l'argent, qui demandait tant de sang-froid* ».

Un homme porté par sa soif de jouissance

La passion de Saccard pour l'argent est une passion du pouvoir et du jeu, mais aussi, et avant tout, une soif inextinguible de plaisir. Son amour de l'argent est aux antipodes de celui d'Harpagon, obsédé par l'idée de thésauriser. Il est aussi fort éloigné de celui de son ennemi juré, le financier juif Gundermann, « *ouvrier impeccable* » au mode de vie ascétique, qui s'escrime à gagner de l'argent sans plaisir, continuant à « *édifier obstinément sa tour de millions, avec l'unique rêve de la léguer aux siens pour qu'ils la grandissent encore, jusqu'à ce qu'elle dominât la terre* ». Saccard, au contraire, est « *torturé d'une faim de jouissance* ». Suprême ironie : une fois parvenu au faîte de sa réussite, il n'assouvira pas ce désir, bien trop préoccupé par ses affaires.

Donnant une large part à ce thème de la jouissance, le roman propose, à travers la bouche de Saccard, une comparaison entre la spéculation et l'acte sexuel. La première produit des « *choses vivantes, grandes et belles* » là où le deuxième produit des enfants ; dans les deux cas, c'est « *un brusque bonheur qui m'ouvre le ciel* ».

La haine est également un puissant moteur

Si son féroce appétit de vivre tend à rendre Saccard moins antipathique, sa passion comporte aussi une part de haine – qui en est une facette beaucoup plus sombre. Cette haine se porte sur son rival Gundermann, dont la personnalité est l'exact opposé de la sienne : sobre, réfléchi, calculateur, rationnel. Mais elle se porte aussi, avec une très grande violence, sur tous les juifs. « *Et il exhala sa haine héréditaire, il reprit ses accusations contre cette race de trafiquants et d'usuriers, en marche depuis des siècles à travers les peuples, dont ils sucent le sang, comme les parasites de la teigne et de la gale, allant quand même, sous les crachats et les coups, à la conquête certaine du monde, qu'ils posséderont un jour par la force invincible de l'or.* » Cet antisémitisme acharné est en opposition frontale avec l'ouverture d'esprit humaniste de Mme Caroline, qui reflète la position de Zola.

Une figure de l'immortalité

Porté par des passions démesurées, le personnage de Saccard paraît presque immortel, ce qui renforce encore son caractère méphistophélique. Ainsi, lors de la faillite de la Banque universelle, il trouve la force de jouer le rôle de l'homme « *constamment heureux, à l'abri de tout péril* ». Au milieu de la débâcle, dans les lieux mêmes qui l'ont vu triompher, il affecte de s'affliger sur la perte d'un camélia qui a gelé dans sa cour, produisant une impression de courage qui entraîne des murmures respectueux dans toute la Bourse. « *Le mot courut, on s'attendrit sur le camélia. Quel homme, ce Saccard !* »

En réalité, cette dignité n'est que le reflet de son orgueil démesuré. Alors que sa folie a semé partout ruines, familles brisées et suicides, il ne souffre pas de culpabilité mais d'une blessure d'amour-propre : « *Un froid de glace montait du sol à son crâne, il avait la sensation de l'irréparable, c'était sa défaite, à jamais ; et le regret bas de l'argent, la colère des jouissances perdues n'entraient pour rien dans sa douleur : il ne saignait que de son humiliation de vaincu, que de la victoire de Gundermann, éclatante, définitive, qui consolidait une fois de plus la toute-puissance de ce roi de l'or.* »

Paradoxalement, sa force surnaturelle le protège contre la vindicte publique. Il a une telle aura que ses victimes, loin de le lyncher, lui tiennent tout juste rigueur de sa folie. Ainsi, le pauvre Dejoie, qui a perdu dans l'affaire ses économies et sa fiancée, conserve sa foi religieuse en Saccard : « *Je l'ai dit au juge : "Monsieur, rendez-le-nous, et je lui confie de nouveau ma fortune, et je lui confie ma vie, parce que cet homme-là, c'est le bon Dieu, voyez-vous ! Il fait tout ce qu'il veut."* »

De fait, une fois en prison, l'aveuglement avec lequel l'homme d'affaires croit pouvoir encore gagner la partie confine à la grandeur. « *Et, malgré elle, de son effroi, une admiration montait. Brusquement, dans cette cellule misérable et nue, verrouillée, séparée des vivants, [Mme Caroline] venait d'avoir la sensation d'une force débordante, d'un resplendissement de l'éternelle illusion de l'espoir, l'entêtement de l'homme qui ne veut pas mourir.* »

Tout comme sa fidèle amie, on ressent malgré soi une certaine fascination devant la force de Saccard face à la tourmente qui s'abat sur lui, une nouvelle fois. Une force indissociable des traits les plus noirs de son caractère : dureté, égoïsme, absence de morale.

ENTREPRENDRE POUR SURVIVRE

La Promesse de l'aube
ROMAIN GARY

Pour une présentation générale de l'œuvre, voir page 147.

> Je ne devais pas m'inquiéter, tout allait s'arranger, l'argenterie impériale valait une fortune, nous avions du reste assez d'argent devant nous pour tenir quelques semaines ; entre-temps, on allait trouver un acquéreur et notre avenir serait assuré pour plusieurs années. Je ne dis rien, mais l'angoisse, l'incompréhension que je voyais bien dans son regard un peu fixe et agrandi se communiqua aussitôt à mes entrailles, renouant ainsi notre lien le plus direct. Je savais déjà que l'argenterie n'allait pas trouver d'acheteur et que, dans quinze jours, nous allions nous retrouver une fois de plus sans un sou en pays étranger. C'était bien la première fois que je pensais à la France comme à un pays étranger, ce qui prouvait bien que nous étions une fois de plus chez nous.
>
> Au cours de cette première quinzaine, ma mère livra et perdit un combat épique pour la défense et l'illustration de la vieille argenterie russe. C'est à une véritable éducation des bijouteries et orfèvres de Nice qu'elle tenta de procéder. Je l'ai vue jouer, devant un brave Arménien de l'avenue de la Victoire, qui devait devenir par la suite notre ami, une scène de véritable extase artistique devant la beauté, la rareté et la perfection du sucrier qu'elle tenait à la main, ne s'interrompant que pour entonner un chant dithyrambique en l'honneur du samovar, de la soupière et du moutardier. L'Arménien, les sourcils levés, son front illimité, libre de tout obstacle chevelu, plissé des mille rides de l'étonnement, suivait d'un regard médusé le mouvement que la louche décrivait dans les airs, que la salière exécutait, pour assurer ensuite ma mère de l'estime considérable dans […]

laquelle il tenait l'article en question, sa légère réserve portant uniquement sur le prix, lequel lui paraissait dix ou douze fois plus élevé que la valeur courante de l'objet. Devant une telle ignorance, ma mère remettait son bien dans la valise et quittait la boutique sans un mot d'adieu. Elle n'eut guère plus de succès dans le magasin suivant, tenu, celui-là par un couple de bons Français bien nés, où, plaçant sous le nez du vieux monsieur le petit samovar admirablement proportionné, elle évoqua, avec une éloquence virgilienne, l'image d'une belle famille française réunie autour du samovar familial, ce à quoi le charmant M. Sérusier, lequel devait par la suite employer ma mère souvent, lui confiant des objets à la commission, répondit, en hochant la tête, et en portant à ses yeux un pince-nez enrubanné qu'il ne mettait jamais tout à fait :

– Madame, le samovar n'a jamais pu s'acclimater sous nos latitudes – ce fut dit avec un tel air de regret navré que je crus presque voir le dernier troupeau de samovars mourant dans les profondeurs de quelque forêt française.

© *La Promesse de l'aube*, Romain Gary, Gallimard, 1960

Roman autobiographique de Romain Gary, *La Promesse de l'aube* a pour personnage principal la mère de l'écrivain, incarnation sublime de l'amour maternel dans toute sa démesure. Cette femme extraordinaire enchaîne les créations d'activités, parfois les plus insolites, pour se maintenir à flot et élever son fils. En Pologne puis à Nice, où elle débarque à cinquante et un ans, cette entrepreneure hors pair montre dans toutes ses initiatives commerciales une énergie inépuisable, malgré son vieillissement physique précoce et sa santé fragile.

Une énergie infatigable malgré le vieillissement physique

Romain Gary souligne à plusieurs reprises le vieillissement prématuré de sa mère, sans doute parce qu'il en retire un douloureux sentiment de culpabilité. Divorcée, elle élève seule son fils adoré, et c'est pour lui qu'elle enchaîne les journées de travail interminables et parfois humiliantes, se battant jusqu'à l'épuisement. Cheveux blancs, rides, canne : son fils la décrit avec tous les attributs de l'âge, allant jusqu'à la désigner comme « *la vieille dame* » lorsqu'il la voit dans un moment d'abattement. À cinquante-cinq ans, elle ne se tient plus aussi droite qu'avant, elle a le visage « *ridé, flétri* », et elle souffre d'un eczéma chronique aux poignets. En somme, c'est une femme usée par la fatigue nerveuse et physique : « *On n'a pas le droit de traiter ainsi les êtres humains.* »

Ce vieillissement physique offre un contraste saisissant avec l'énergie inépuisable qu'elle met dans ses entreprises, et sur laquelle le temps semble n'avoir aucune prise.

Comme on le voit dans l'extrait présenté ici, à son arrivée à Nice, elle espère obtenir des subsides importants de la vente de l'argenterie familiale – c'est tout ce qu'elle possède. Mais l'ancienne actrice de théâtre aura beau ne pas ménager ses efforts, il lui faudra vite déchanter.

Heureusement, elle n'est pas du genre à se laisser abattre. Avec un aplomb incroyable, qui ne recule jamais devant rien, elle se lance dans de multiples créations d'activités, racontées par Romain Gary avec un humour irrésistible : « *Elle eut des vitrines d'articles de luxe dans les hôtels, agit comme intermédiaire dans la vente d'appartements et de terrains, eut une participation dans un taxi, détint vingt-cinq pour cent dans un camion faisant livraison de graines aux éleveurs de poulets de la région, prit un appartement plus grand dont elle sous-loua deux chambres, s'occupa d'une affaire de tricotage – bref m'entoura de tous les soins.* » Tout le talent de l'écrivain est dans cette fin de phrase, dans ce « bref » qui rappelle que toutes ces activités insolites ont un seul but : le bonheur de son fils – pour cela, elle est littéralement capable de tout.

Après chaque désillusion, chaque coup dur, elle se relève, indemne et prête à repartir, comme si son amour l'avait douée d'une force surnaturelle. Cet amour s'accompagne d'une foi extraordinaire en son fils, dont elle prophétise publiquement, « *dans le plus pur style biblique* », qu'il sera ambassadeur de France. La révélation de sa grandeur future à tous les voisins est lourde à porter pour un enfant de huit ans (polonais, qui plus est !), mais Romain Gary deviendra bel et bien consul de France à Los Angeles...

Non seulement le temps glisse sur cette femme sans jamais altérer sa confiance inouïe en son fils, mais c'est la réalité tout entière qui est sans prise sur elle : l'écrivain souligne ainsi « *le don extraordinaire de ma mère de ne voir partout que les couleurs de son propre cœur* ».

Ténacité et bonne utilisation du réseau

Un esprit rationnel pourrait prédire que cet aveuglement ne la mènera pas loin, et juger la profusion de ses initiatives commerciales décousue, fantasque et incohérente. Pourtant, les démarches tous azimuts de cette femme portée par la toute-puissance de son amour finiront par aboutir. Ainsi, le « *charmant M. Cérusier* » qui, dans l'extrait présenté, refuse poliment l'achat du samovar, contribue à les tirer d'affaire à leur arrivée à Nice. « *En commerçant averti, il avait reconnu le talent certain de ma mère [...]. Sa gentillesse naturelle aidant, il avait décidé de nous donner un coup de main.* » Plus tard, si la situation de la mère et du fils finit par se stabiliser autour d'une activité solide, en l'occurrence la gestion d'un hôtel-restaurant, c'est parce qu'une ancienne connaissance, « *frappée comme tant d'autres par l'esprit d'entreprise et l'énergie de ma mère* », décide de lui faire confiance. Elle excelle aussitôt dans ce métier dont elle ignore tout ; les voici enfin sortis de la précarité !

Son succès tient donc à sa ténacité et son courage, mais aussi à son sens des relations. Pour utiliser un terme à la mode, elle sait admirablement s'appuyer sur son réseau, qu'elle n'hésite jamais à solliciter. La meilleure illustration en est donnée dans l'épisode irrésistible de sa visite au pope, juste avant le départ de son fils pour étudier à Paris.

« *Je fus donc assez surpris lorsque, après avoir mis son manteau et pris sa canne, elle me demanda de l'accompagner à l'église russe du Parc Impérial.*

– Mais je croyais qu'on était plus ou moins juifs ?

– Ça ne fait rien, je connais le pope.

Je trouvai l'explication valable. Ma mère croyait aux relations personnelles, même dans les rapports avec le Tout-Puissant. »

Qu'on ne s'y trompe pas, le sacrifice de la mère pour son fils est aussi un échange. En contrepartie, elle exige de lui qu'il soit à la hauteur du piédestal sur lequel elle l'a placé et fasse preuve d'un sens aigu de leur dignité : à huit ans, il trouve ainsi la force d'esquisser des pas de danse devant les huissiers qui ont saisi leurs meubles.

Mais cette foi immense lui communique aussi une force inouïe. Avec son bouleversant sens de la formule, Romain Gary exprime le sentiment d'invincibilité qu'il éprouve plus tard, face aux pires dangers, alors qu'il est engagé comme aviateur dans les Forces françaises libres : « *Rien ne pouvait m'arriver puisque j'étais son happy end.* » Que ceux qui ont la chance de n'avoir pas encore lu *La Promesse de l'aube* se précipitent dans les librairies !

Chapitre 8

L'ILLUSION DU POUVOIR

D'abord, un constat : la quête du pouvoir n'est pas le seul moteur des chefs d'entreprise de la littérature, loin s'en faut. Goût de l'aventure, soif de luxe et de plaisir, devoir vis-à-vis des ancêtres, passion des femmes, les mobiles sont au contraire d'une grande diversité.

Mais une fois parvenus en haut de l'échelle sociale, les hommes d'affaires – en l'occurrence, ce sont des hommes – éprouvent le besoin de proclamer leur réussite à la face du monde, en s'affichant avec tous les attributs du pouvoir. Au point de se voir dicter toutes les composantes de leur vie privée : le trader du *Bûcher des vanités* ne choisit ni la rue où il habite ni l'école de son enfant, tandis que le Saccard de *L'Argent* se voit imposer la femme qu'il doit afficher à son bras. Autrement dit, l'argent et la réussite emprisonnent au lieu de libérer – le brillant Haverkamp de Jules Romains est le seul à être suffisamment fin pour le comprendre et en tirer les conséquences d'une façon très originale.

Autre inconvénient parfaitement mis en lumière par les écrivains : la soif de réussite n'est jamais satisfaite. Il y a toujours quelqu'un *un peu* au-dessus, qu'il faut rejoindre et dépasser. Pire encore, lorsque cette supériorité est une affaire de naissance, d'origine sociale, tout le génie et toute l'énergie du monde ne peuvent la faire disparaître. Haverkamp est un parvenu aux yeux de certains aristocrates, de même que le financier du *Bûcher des vanités* restera toujours méprisé par son voisin du dessus.

Sans oublier un aspect plus philosophique, souligné par John Cheever : riche ou pauvre, modeste ou triomphant, l'homme reste un jouet entre les mains de son destin. Autant dire qu'il a tout intérêt à ne pas se perdre dans la quête illusoire du pouvoir.

LA JOUISSANCE DU TAPIS ROUGE

L'Argent
ÉMILE ZOLA

Pour une présentation générale de l'œuvre, voir page 103.

Mais, un soir, il eut pourtant la jouissance de vanité la plus vive. Ce fut la minute culminante de son existence. Il y avait un bal au ministère des Affaires étrangères, et il avait choisi cette fête, donnée à propos de l'Exposition, pour prendre acte publiquement de son bonheur d'une nuit, avec madame de Jeumont ; car, dans les marchés que passait cette belle personne, il entrait toujours que l'heureux acquéreur aurait, une fois, le droit de l'afficher, de façon que l'affaire eût pleinement toute la publicité voulue. Donc, vers minuit, dans les salons où les épaules nues s'écrasaient parmi les habits noirs, sous la clarté ardente des lustres, Saccard entra, ayant au bras madame de Jeumont ; et le mari suivait. Quand ils parurent, les groupes s'écartèrent, on ouvrit un large passage à ce caprice de deux cent mille francs qui s'étalait, à ce scandale fait de violents appétits et de prodigalité folle. On souriait, on chuchotait, l'air amusé, sans colère, au milieu de l'odeur grisante des corsages, dans le bercement lointain de l'orchestre. Mais, au fond d'un salon, tout un autre flot de curieux se pressait autour d'un colosse, vêtu d'un uniforme de cuirassier blanc, éclatant et superbe. C'était le comte de Bismarck, dont la grande taille dominait toutes les têtes, riant d'un rire large, les yeux gros, le nez fort, avec une mâchoire puissante, que barraient des moustaches de conquérant barbare. Après Sadowa, il venait de donner l'Allemagne à la Prusse ; les traités d'alliance, longtemps niés, étaient depuis des mois signés contre la France ; et la guerre, qui avait failli éclater en mai, à propos de l'affaire du Luxembourg, était désormais fatale. Lorsque Saccard, triomphant, traversa la
[…]

pièce, ayant à son bras madame de Jeumont, et suivi du mari, le comte de Bismarck s'interrompit de rire un instant, en bon géant goguenard, pour les regarder curieusement passer.

Aujourd'hui comme hier, « réussir » signifie avant tout arborer les signes extérieurs du succès. Cette tyrannie des apparences prend un relief tout particulier dans le milieu de la Bourse qui constitue le cadre de *L'Argent*. De même que le jeu, cet univers a en effet une vision du monde binaire : d'un côté, les gagnants, de l'autre, les perdants. Pour lever toute ambiguïté et montrer que l'on est du bon côté, il faut afficher sa réussite en permanence.

Aristide Saccard, le personnage principal du roman de Zola, est tout entier porté par cette soif de reconnaissance sociale. Humilié et ruiné au début du livre, il puise dans cette aspiration à la fois sa force surnaturelle et la démesure qui le mènera à sa perte. La soif de succès est donc abordée sous un jour ambivalent, de même que le succès lui-même. Il procure des plaisirs de vanité et une indéniable griserie, mais il est aussi synonyme d'illusion et d'asservissement.

Soif de revanche et orgueil

« *Je fonde une maison de crédit au capital de vingt-cinq millions, et je compte aller vous voir bientôt.* » Le projet de Saccard ne naît pas d'une décision réfléchie mais de l'impulsion violente d'un homme humilié. C'est parce que le financier Gundermann, au faîte de sa gloire, félicite ironiquement l'entrepreneur déchu de se retirer des affaires que ce dernier lui jette son projet à la tête. Bien entendu, cette déclaration publique rend tout retour en arrière impossible. La création de la Banque universelle, c'est avant tout « *une phrase que le besoin de répondre lui avait tirée* », une réaction au « *coup de fouet en plein visage qu'il a reçu* ». Semblable à un « *taureau saignant ramené dans l'arène* », Saccard n'a d'autre choix que de reprendre la lutte, pour transformer le regard que les autres portent sur lui.

Au début du livre, le romancier précise pourtant que l'homme d'affaires, lassé par le caractère hautement incertain des spéculations, envisage de se reconvertir vers une carrière moins tumultueuse : « *Ce qu'il reprochait à la spéculation, c'était la continuelle instabilité, les grosses sommes aussi vite perdues que gagnées : jamais il n'avait dormi sur le million réel, ne devant rien à personne.* » Mais cette sage leçon, tirée de son fiasco dans l'immobilier, ne résistera pas longtemps à son orgueil revanchard. Quelques heures après sa déclaration publique aux allures de fanfaronnade, il est raffermi dans sa volonté par le fait que le même Gundermann le coudoie en pleine rue, sans même se retourner pour s'excuser. Ce coup de coude dérisoire, c'est « *le cinglement, la poussée dernière qui le décida* ». L'épopée de la Banque universelle prend racine dans une réaction d'amour-propre : pour se relever de son humiliation, Saccard a besoin d'un succès plus éclatant encore que son échec passé.

Plus que tout autre univers, le monde de la finance vénère la réussite, même quand elle est arbitraire et ne résulte d'aucun talent particulier. C'est annoncé d'emblée au début du roman, à travers les personnages secondaires d'Amadieu et de Pillerault. Le premier, « *salué et consulté partout* », est un parfait idiot qui a fait fortune sur « *une opération imbécile qui aurait dû le faire enfermer autrefois* ». Quant au second, il claironne partout sa foi aveugle dans le hasard « *déclarant qu'il culbutait dans des catastrophes, chaque fois qu'il s'appliquait à réfléchir* ».

C'est donc pour regagner l'estime d'un monde irrationnel que Saccard prend une décision irrationnelle, reposant sur ses sentiments et non sur son intelligence.

Faute de bonheur, le succès apporte un plaisir de vanité

Même lorsqu'il est au fond du gouffre, Saccard montre un attachement obsessionnel aux apparences, qui se traduit par un train de vie en complet décalage avec ses ressources. « *Désastre* », « *déchéance* », « *déconfiture* », « *ruisseau* » : sa situation financière, au début du livre, est catastrophique. Mais le personnage est bien trop obsédé par le regard des autres pour revoir son mode de vie en conséquence : « *C'était l'homme qui n'avait pas cinq cents francs solides dans sa caisse, mais qui vivait sur un pied de deux ou trois cent mille francs par an.* »

Le goût de Saccard pour les affaires est donc indissociable de son aspiration à « *la magnificence d'une vie princière* ». Cela du moins, le succès temporaire de sa banque va le lui apporter. Les bureaux grandioses dans lesquels s'installe l'Universelle, après quelques mois dans des locaux relativement sobres, reflètent son goût de l'opulence. Hôtel monumental, somptuosité, ruissellement de dorures, « *coffres-forts aux gueules profondes des fours* », Saccard donne libre cours à sa soif effrénée de luxe... et Zola à son lyrisme. Au-delà de son goût du clinquant, assez « nouveau riche », cette débauche de luxe entre dans sa stratégie commerciale. Ces locaux permettent non seulement d'exhiber son succès, mais aussi de le consolider, en attirant de nouveaux clients et actionnaires. Les bureaux précédents, sobres et respectables, plus par nécessité que par goût, étaient censés les rassurer par leur image de sérieux – l'activité bancaire repose sur la confiance. À l'inverse, ces nouveaux locaux sont destinés à les ensorceler, à les hypnotiser, ce qui est beaucoup plus conforme à la personnalité de Saccard : « *C'était prêt, l'hôtel neuf les attendait, pour les aveugler, les prendre un par un à cet irrésistible piège de l'or, flambant au grand soleil.* »

La réussite : une jouissance et un piège

Du point de vue de la reconnaissance sociale, le succès inouï de l'Universelle donne toute satisfaction à Saccard. Dans les familles comme dans les salons, Paris n'a plus d'autre mot à la bouche, toutes classes sociales confondues. Pour le financier déchu, cette victoire est bel et bien une résurrection : « *Il était réellement grandi, soulevé d'un tel triomphe, que toute sa petite personne se gonflait, s'allongeait, devenait énorme.* » Certes, l'œil impitoyable de Zola le rend un peu ridicule mais la renaissance n'en est pas moins là, faite de gloire, de revanche et de pouvoir : « *Jamais il n'avait senti Paris vaincu si humble à ses pieds.* »

Mais cette jouissance s'accompagne d'une griserie qui lui fait perdre le sens des réalités – difficile de garder les pieds sur terre quand on puise son inspiration dans les croisades et dans les campagnes napoléoniennes ! Le signe le plus ironique de son aveuglement est la façon dont il se réjouit, à plusieurs reprises, que sa fortune nouvellement acquise soit solide et réelle, par opposition au caractère factice, fragile, et presque virtuel de sa fortune d'avant, acquise par des trafics immobiliers. « *Non, ce n'était plus la richesse menteuse de la façade, c'était la vraie royauté de l'or, solide, trônant sur des sacs pleins.* » Tout est relatif, sans doute, mais la réalité est fort éloignée de cette illusion de sécurité. Entièrement bâtie sur des montages financiers bidons et une folle spéculation, la fortune de Saccard est condamnée, dès le départ, à n'être qu'un feu de paille.

Fugace, la jouissance du succès est aussi bien dérisoire. On le voit dans une scène qui montre Saccard au sommet de sa gloire : « *Lorsque sa voiture arrivait rue de Londres, devant le palais triomphal de l'Universelle, un valet descendait vivement, étalait un tapis qui des marches du vestibule se déroulait sur le trottoir, jusqu'au ruisseau ; et Saccard alors daignait quitter la voiture, et il faisait son entrée, en souverain à qui l'on épargne le commun pavé des rues.* » Pouvoir piétiner un tapis rouge, quel bonheur sublime... Tout ça pour ça !

Surtout, et ce sera pour Saccard une violente désillusion, l'argent n'achète pas tout. La seule femme qu'il désire sincèrement est Mme Conin, la femme du papetier, sans doute parce qu'il pressent qu'elle refusera de se vendre. Cette originale impose à son infidélité conjugale des règles strictes : ne jamais voir le même homme plus d'une fois, refuser tout paiement et n'obéir qu'à son goût. Saccard n'ayant pas l'heur de lui plaire, il s'acharnera en vain et en tirera un grand dépit.

La tyrannie des apparences

Non seulement le succès est impuissant à assouvir tous les désirs, mais il emprisonne au lieu de libérer. Le plaisir, qui représente pour Saccard une puissante aspiration, est entravé par l'assujettissement au regard des autres. Lorsque le financier rencontre le succès, il est tellement obsédé par son image qu'il est condamné à proclamer sa réussite dans chacun de ses actes, et donc incapable d'en jouir librement.

Ainsi, l'épisode raconté dans l'extrait ci-dessus, qualifié avec ironie de « *minute culminante de son existence* », montre Saccard s'affichant au bras de Mme de Jeumont, dont le principal mérite est d'avoir vendu ses charmes fort cher à Napoléon III. « *Sa grande réputation venait de ce que l'empereur lui avait payé une nuit cent mille francs, sans compter la décoration pour son mari, un homme correct qui n'avait d'autre situation que ce rôle d'être le mari de sa femme.* » Rabaissées au rang d'objets, les femmes sont l'un des attributs du pouvoir. Elles ont une valeur marchande connue publiquement, comme si elles étaient cotées en Bourse, elles aussi. En s'affichant avec la valeur la plus élevée du marché, Saccard pose la dernière pièce à l'édifice de sa réussite. Cependant, ce n'est qu'un plaisir de vanité, puéril et limité. Le financier n'éprouve pour Mme de Jeumont ni sentiment ni même réel désir : il est juste excité par « *l'envie de mordre à ce morceau d'empereur* »...

Cet esclavage du paraître contraste avec le bonheur simple du jeune couple Jordan, qui profite des plaisirs de la vie sans le moindre snobisme. Heureux malgré leur pauvreté, ils vivent d'amour... et de harengs saurs aux pommes de terre. Le second contrepoint est le personnage de Mme Caroline, l'amie de Saccard, pleine de méfiance à l'égard de l'argent et des bonheurs illusoires qu'il procure. Cette amoureuse de la vie, d'une solidité à toute épreuve, n'est malheureuse que lorsque la montée des actions de l'Universelle l'enrichit – indûment à ses propres yeux. Pour Zola, les plaisirs procurés par l'argent sont autant de mirages, et le vrai bonheur est réservé à ceux qui sont capables de s'en affranchir.

FAIRE PARTIE DES NOTABLES, ENFIN !

Les Hommes de bonne volonté
JULES ROMAINS

Pour une présentation générale de l'œuvre, voir page 117.

Haverkamp ne fut pas long à persuader. Outre toutes les raisons logiques qu'il pouvait découvrir, une raison de pur sentiment emporta le morceau : « Mon usine de Limoges. »

Il mesura soudain le plaisir immense qu'il aurait à parler de son usine de Limoges, même à y faire une allusion rapide : « Non, samedi prochain, je ne serai pas là. Il faut que j'aille voir mon usine de Limoges. » La vie est faite de plaisirs semblables. Elle est une course d'obstacles, où l'on atteint de temps en temps un plaisir semblable. C'est pour pouvoir prononcer des phrases comme celles-là qu'on travaille, qu'on lutte. Par elle-même, l'usine de Limoges n'est pas grand'chose si on la compare aux splendeurs de la Celle. Mais Haverkamp n'est pas un fou vantard. Il ne dirait jamais, en public, « ma ville d'eaux », « ma station thermale », « mon casino », parce que ce n'est pas vrai. (À peine le dirait-il in petto, la vérité ayant moins besoin d'être circonspecte pour l'usage interne.) Ensuite les grandeurs depuis trop longtemps acquises n'ont plus le même effet grisant sur le cœur. Haverkamp trouve maintenant tout naturel d'être copropriétaire d'un casino, de deux grands hôtels, d'un établissement thermal, etc. Mais « mon usine de Limoges », c'est tout neuf. La dignité immobilière, oui. Mais la dignité industrielle ? La nouvelle couche de l'élite où cela vous introduit. La nouvelle caution que cela vous procure ; l'auréole supplémentaire, auprès de gens de votre entourage qui ne s'y attendent pas. « Quand je dirai négligemment […]

devant Scharbeck : Tiens, cette peinture métallique-là, c'est une idée ; je vais l'essayer pour la charpente de mon usine de Limoges. – Mais vous avez donc une usine à Limoges ? – Oui… une usine de chaussures… Je ne vous l'avais pas dit ?… Tiens… je croyais. »

© *Les Hommes de bonne volonté*, Jules Romains, Flammarion, 1958

Incarnation de l'autodidacte génial, le Frédéric Haverkamp inventé par Jules Romains connaît une ascension exceptionnelle dans le monde des affaires. Fier de sa réussite, l'ancien parieur des champs de course n'échappe pas au besoin universel de reconnaissance sociale : une fois à la tête d'une des plus grandes fortunes d'Europe, il adopte les codes de la riche société dont il fait désormais partie. Cependant, s'il cède en partie à la comédie sociale, l'homme n'est jamais aveuglé par sa fortune, ni pleinement soumis à la tyrannie des apparences. Pour lui, l'exhibition du succès compte bien moins que le plaisir de la conquête – il en donne une preuve éclatante lors du merveilleux rebondissement final.

Une aspiration comique à la respectabilité

L'extrait présenté ici le montre avec beaucoup d'humour : Haverkamp n'est pas indifférent au regard que la société porte sur lui. Cet autodidacte, qui ne doit sa fortune qu'à son immense talent, aspire plus que tout à la respectabilité. Conscient que ses origines sociales modestes le distingueront toujours des classes dirigeantes aux racines bourgeoises ou aristocratiques, il rêve de faire partie de « la crème de la crème », autrement dit d'être admis dans les cercles les plus élitistes. De ce point de vue, pour lui qui a bâti sa fortune dans le secteur assez mal considéré de l'immobilier, l'étiquette d'« industriel » représente une avancée majeure. Quand les circonstances lui donnent la possibilité d'acquérir une première usine, il en ressent une véritable jubilation.

C'est un plaisir un peu puéril, mais aussi une corde de plus à son arc. Lorsqu'il pense que cela peut impressionner ses interlocuteurs,

Haverkamp n'hésite pas à faire bon usage de cette « dignité industrielle » dont il oublie lui-même qu'elle est fraîchement acquise. On le voit lors d'un déjeuner d'affaires haut en couleur : « *"C'est bien mon avis" appuya fièrement Haverkamp, tout plein à ce moment-là d'une âme de "vieil industriel de la chaussure".* »

Plus tard, au sommet de sa gloire, l'homme d'affaires éprouve le besoin d'afficher sa réussite, au point d'adopter certains comportements de parvenu. Ainsi, il achète des tableaux sans les voir et engage des travaux somptuaires pour son installation personnelle. Le tout avec une franchise bon enfant : lorsqu'il réunit architecte et décorateur pour leur annoncer sa volonté d'acquérir un hôtel à Paris et un château à la campagne, il annonce, tout de go : « *J'ai justement des intentions grandioses* »...

Le plaisir passe avant le paraître

Pour autant, cette soif de paraître ne prend jamais le pas sur son véritable moteur : le plaisir. Bien sûr, et depuis sa première jeunesse, Haverkamp est un ambitieux. Mais son ambition est d'une nature bien particulière. Pour lui, la réussite n'est pas l'atteinte d'un certain niveau de pouvoir ou de richesse, mais la recherche permanente de la performance personnelle.

Cette volonté de gagner est comparée tantôt à un sport, tantôt à un jeu. En revanche, contrairement à Zola, Maupassant ou Chardonne, Jules Romains n'utilise aucune métaphore guerrière pour décrire sa conquête du monde économique. Cette singularité reflète à la fois l'hédonisme du personnage et une certaine forme d'innocence. On le voit, à ses débuts, lorsqu'il déborde de plaisir en visitant ses nouveaux bureaux, modestes et vides. Ses pensées sont « *celles d'un enfant* » ; ce qui compte, pour lui, c'est « *le plaisir de s'asseoir là* ».

Le plaisir, c'est aussi ce qui domine lorsqu'un riche client franchit pour la première fois la porte de son agence, venant récompenser tous ses efforts. Convaincu que son heure a sonné, le chef d'entreprise ressent une « *onde énorme de vitalité et d'espérance* ».

Preuve que le plaisir est dans l'ascension plus que dans l'affichage de la réussite, l'enthousiasme d'Haverkamp s'émousse à un certain stade, quand sa holding prend de telles proportions qu'il en perd en partie la maîtrise. À la tête d'un empire énorme et trop diversifié, il sent s'émousser le « *courant de jubilation* » de ses débuts et déplore une certaine perte de sens : « *La distance augmente peu à peu entre vous et le travail réel, celui des mains et des outils.* » D'où cette remarque désabusée : « *Il ne faut pas qu'une affaire soit trop grande pour qu'on en jouisse au maximum.* »

Dissimuler sa fortune pour exister vraiment

S'il lui arrive de céder à des comportements un peu ridicules, l'homme d'affaires ne devient jamais esclave du paraître. On le voit, par exemple, écarter l'idée d'épouser une jeune fille de bonne famille pour « *s'épargner des simagrées* ». Cette distance et cette lucidité le rendent infiniment sympathique.

Surtout, il est touchant par son besoin de tendresse authentique, qui l'amène à se travestir en homme désargenté alors qu'il est à la tête d'un gigantesque empire financier. Pour la plupart des hommes d'affaires de la littérature, par exemple Saccard, dans *L'Argent*, ou Sherman McCoy, dans *Le Bûcher des vanités*, la réussite est un sésame en matière de relation amoureuse. Les hommes riches et puissants se procurent la femme désirée en un claquement de doigts, comme n'importe quel objet de luxe. À l'inverse, pour Haverkamp, à la fois plus lucide et plus sentimental, l'argent est un obstacle à toute histoire d'amour véritable, car il vient parasiter les sentiments.

Ressentant le besoin d'une « *affection profonde, véritable, à l'abri de tout soupçon d'intérêt* », il décide de partir en chasse et met toute son ingéniosité au service de ce nouveau projet. Enfilant un costume usé et un faux nom, le riche financier parcourt les petites boutiques de Paris. Après mûre réflexion, il a en effet décidé de prospecter chez les commerçantes, pour éviter à la fois les femmes entretenues et celles qui seraient trop éloignées de lui socialement.

Le nommé Félix Haupetit, modeste employé de banque qui a perdu sa situation suite aux secousses du krach américain de 1929, finit par dégoter la perle rare derrière le comptoir d'une maroquinerie. Tendre, intelligente et désintéressée, Marcelle lui apporte l'amour authentique auquel il aspirait.

Joli paradoxe final : c'est ce stratagème sentimental qui sauve Haverkamp de l'abîme au moment où son empire s'effondre comme un château de cartes. C'est en effet sa femme et son fils nouveau-né qui lui donnent la force de continuer à vivre. Maquillant sa fuite en suicide, il part incognito en Croatie, pour filer des jours heureux avec sa petite famille.

Haverkamp l'avait expliqué à la seule amie informée de sa « double vie », alors même qu'il était encore richissime : « *L'amour de cette femme est exactement ce qui a le plus de valeur au monde.* » Voilà qui est net et sans appel : dans sa vie comme dans ses affaires, Haverkamp a une vision claire de ses priorités.

TOMBER DE SON PIÉDESTAL... ET EN MOURIR

Métamorphose

JOHN CHEEVER

Bien qu'il soit moins connu à l'étranger, John Cheever est considéré, aux États-Unis, comme l'un des écrivains majeurs du XXᵉ siècle. Également auteur de quatre romans, le « Tchekov des banlieues » est surtout connu pour ses nouvelles – il en a écrit une centaine, dont la plupart ont d'abord été publiées dans le *New Yorker*.

L'essentiel de son œuvre montre les drames qui se déroulent derrière les façades proprettes des banlieues résidentielles, « *sous la façade resplendissante et ordinaire des choses*[1] ». Malgré un confort matériel, une existence rangée et un apparent bonheur familial, les personnages de John Cheever vivent dans la frustration, voire dans la névrose. Incapables de s'épanouir dans les valeurs morales « WASP » avec lesquelles ils ont été éduqués, ils se réfugient dans l'alcoolisme, le fantasme ou l'adultère.

Si le lauréat du prix Pulitzer situe la plupart de ses histoires dans le même cadre géographique et le même milieu sociologique, c'est bien de la condition humaine qu'il nous parle. Qu'elle aborde les difficultés de la vie conjugale ou la dureté du monde du travail, son œuvre est tout entière traversée par les thèmes de la futilité de la réussite matérielle et de la quête spirituelle.

Métamorphose, dont est extrait le texte suivant, est un ensemble de quatre récits distincts regroupés sous un même chapeau. Si le titre est une allusion au célèbre roman de Kafka, c'est parce que ces quatre nouvelles montrent des existences qui basculent.

---

1. *Le Professeur de musique*, in *Insomnies*, Le Serpent à Plumes, 2000.

Tout cela lui était familier, mais il se rendit compte qu'il pouvait s'agir d'une dizaine d'autres halls d'entrée et il demanda au liftier s'il se trouvait bien chez les Fullmer. L'homme acquiesça, et Larry entra dans l'ascenseur. Alors, au lieu de s'élever vers le dixième étage où résidaient les Fullmer, la cabine descendit. La première pensée qui traversa l'esprit de Larry fut que les Fullmer étaient peut-être en train de faire repeindre leur vestibule et que, pour cette raison ou pour quelque autre désagrément, il lui serait demandé d'emprunter l'ascenseur de service. L'homme fit glisser la porte coulissante, révélant une sorte de région infernale où s'entassait un amoncellement de seaux à charbon, de poussettes cassées et de tuyaux entourés de revêtements d'amiante éventrés.

« Passez par cette porte-là et prenez l'autre ascenseur, ordonna l'homme.

– Mais pourquoi dois-je prendre l'ascenseur de service ? demanda Larry.

– C'est la règle, rétorqua l'homme.

– Je ne comprends pas.

– Écoutez, lança l'homme. Ne discutez pas avec moi. Contentez-vous de prendre l'ascenseur de service. Vous autres livreurs, vous voulez toujours entrer par la grande porte comme si l'endroit vous appartenait. Eh bien, ici, c'est un immeuble où vous ne pouvez pas. La direction a décrété que toutes les livraisons se faisaient à l'entrée de service, et c'est la direction qui commande.

– Je ne suis pas un livreur, riposta Larry. Je suis un invité.

– Qu'est-ce que c'est que cette boîte ?

– Dans cette boîte, dit Larry, se trouvent mes habits de soirée. Maintenant conduisez-moi jusqu'au dixième étage, où les Fullmer habitent.

– Je suis désolé, monsieur, mais vous *avez l'air* d'un livreur.

– Je suis un investisseur bancaire, répliqua Larry, et je m'apprête à assister à un dîner d'affaires où il sera question de la souscription d'obligations d'un montant de quarante-quatre millions de dollars. Je vaux neuf cent mille dollars. J'ai une maison de vingt-deux pièces à Bullet Park, un chenil, deux chevaux de selle, trois enfants au lycée, un voilier de six mètres et cinq automobiles.

– Bon sang », s'exclama l'homme.

© *Métamorphose*, John Cheever, Le Serpent à Plumes, 2000

Larry Acton, le personnage principal de la première nouvelle de *Métamorphose*, est associé dans un cabinet d'investissement bancaire new-yorkais. La seule originalité de cette maison conservatrice, à l'atmosphère « *d'une morosité étudiée* », est de compter, parmi ses sept associés, une femme, qui a repris la place de son mari décédé. Larry Acton, quant à lui, présente un mélange étonnant de conformisme, attesté par une riche villa, « *une charmante épouse et trois enfants* », et d'originalité, du fait de son intérêt passionné pour l'innovation. Pressé de communiquer à son patron une nouvelle idée, l'impétueux Larry entre dans son bureau sans frapper et le surprend nu avec la superbe associée.

Cet incident fâcheux précipite dans le cauchemar une existence qui offrait jusque-là l'image d'une réussite parfaite. Au cours de cette journée fatidique, les catastrophes se succèdent, comme si le regard porté par les autres sur le brillant homme d'affaires avait changé du tout au tout. Après s'être fait agresser par un chien réputé parfaitement inoffensif, le malheureux Larry Acton est pris pour un livreur, puis ignoré de tous pendant son dîner d'affaires. Lorsqu'il rentre enfin chez lui après cette dure journée, il est dévoré dans son jardin par ses propres chiens. Autrement dit, la réussite sociale ne protège pas les individus mais les rend au contraire plus vulnérables encore. Elle est impuissante face aux forces supérieures du destin – une « morale » qui n'est pas sans rappeler *Le Bûcher des vanités*.

Le récit est la transposition fidèle du mythe grec d'Actéon – selon un procédé que Cheever a utilisé dans un certain nombre de ses récits. D'après la légende racontée par Ovide dans *Les Métamorphoses*, le jeune prince Actéon surprend Diane et ses huit nymphes se baignant nues dans une source, au cours d'une chasse. Après avoir été transformé en cerf par la déesse furieuse, le prince est poursuivi et dévoré par ses chiens.

Le pouvoir de la réussite sociale est illusoire

Tout comme Actéon, Larry Acton est puni d'avoir été là où il n'aurait pas dû être. L'auteur insiste à plusieurs reprises sur la gravité de cette erreur : « *Il avait vu quelque chose qu'il n'était pas dans son destin de voir.* » Les conséquences de cette « *transgression qui demanderait réparation et vengeance* » sont implacables : « *Quelque fatalité sans nom semblait menacer son bonheur, et il ne parvenait pas à retrouver son entrain ni son bon sens.* »

Avec son exceptionnel sens de la formule, Cheever met en évidence l'impuissance de l'homme d'affaires : « *Il se répétait qu'il n'avait commis aucune faute, mais sous ses idées fantaisistes de bien et de mal, de mérite et de rétribution, se trouvait la nature obstinée et douloureuse des choses.* » En accolant, de façon pour le moins inattendue, le qualificatif de « fantaisiste » aux notions de bien et de mal, l'écrivain souligne son message : même ce que les humains prennent le plus au sérieux ne pèse rien face au destin.

L'erreur de Larry Acton est à la fois malchance fatale et péché d'orgueil. Tant par sa réussite éclatante que par sa soif d'invention immodérée, le financier a cru, à tort, qu'il contrôlait le cours des choses, et même qu'il pouvait défier l'ordre de la nature. C'est ainsi qu'il s'est aventuré à croiser une louve finlandaise avec un berger allemand, démarche contre nature qui n'a guère été couronnée de succès : « *Le club américain du pedigree canin déclara qu'il n'avait pas créé une nouvelle race, mais produit une monstruosité.* »

Plus on réussit, plus on est vulnérable

La scène présentée dans l'extrait montre comment le richissime personnage est pris pour un livreur alors qu'il s'apprête à participer à un important dîner d'affaires. La réplique hilarante dans laquelle il détrompe son interlocuteur sur sa véritable identité s'achève par une énumération de ses possessions, l'ensemble étant minutieusement chiffré, de la longueur du voilier jusqu'au nombre de pièces de sa maison. « *Je vaux neuf cent mille dollars* », assène Larry Acton à son interlocuteur, pour lui faire mesurer l'ampleur de sa méprise. La formule a le mérite d'être claire : la valeur d'un être humain se résume strictement à ses avoirs financiers. Le constat rejoint celui d'Arthur Miller dans *Mort d'un commis voyageur*, lorsque le vendeur au bout du rouleau envisage le suicide comme seul moyen de retrouver de la valeur : il rapportera ainsi à sa famille le montant de son assurance-vie. Dans les deux cas, les êtres humains sont réduits à l'état de biens, et on peut leur attribuer sans difficulté une valeur monétaire.

La fin tragique de la nouvelle de Cheever montre que Larry Acton se leurre en tentant de réaffirmer sa puissance affaiblie à travers ses possessions matérielles. Non seulement sa situation sociale prestigieuse ne le protège pas contre le destin, mais elle le rend encore plus fragile. Une vérité qui peut s'interpréter sous un angle sociologique : dans une société américaine dépourvue de filets de sécurité sociaux, la chute peut être très rapide.

Mais ce constat a surtout une portée spirituelle. Lorsque celui qui mise tout sur l'échiquier social ne donne plus l'image de la réussite, tout est fini pour lui – de l'inconvénient de n'exister que par le regard des autres. Pour se protéger, il est vital de ne pas se détourner des choses plus essentielles, comme, par exemple, l'odeur de la pluie. Dans une autre nouvelle, c'est cette dernière qui persuade Johnny Hake, devenu cambrioleur malgré lui suite à un licenciement brutal, de retourner dans le droit chemin. *« Ce ne fut rien d'autre que la pluie arrosant ma tête – son odeur envahissant mon nez – qui me fit comprendre combien j'étais libre. »*

Le talent de John Cheever est d'aborder ces thèmes graves avec une grande drôlerie. La scène dans laquelle le pauvre Larry Acton surprend les ébats des deux associés est irrésistible : *« Il y avait là Mrs Vuiton, entièrement dévêtue à l'exception d'un rang de perles. Mr Lothard était près d'elle, vêtu d'une montre. »* De même, il y a beaucoup d'humour dans la description du bar où le malheureux est attaqué par un chien, jusque-là tout à fait pacifique : *« C'était l'un de ces endroits où les femmes célibataires du quartier se réunissent et sont chaleureusement accueillies : où, après avoir siroté du sherry pendant la majeure partie de la journée, elles se retrouvent pour célébrer l'heure de l'apéritif. »* Aborder des questions existentielles avec un humour ravageur, c'est toute la force des nouvelles de Cheever.

MAÎTRE DE L'UNIVERS

Le Bûcher des vanités

TOM WOLFE

Pour une présentation générale de l'œuvre, voir page 67.

> Le monde était à l'envers. Qu'est-ce que lui, un Maître de l'Univers, fichait à genoux sur le carrelage de marbre, réduit à inventer des mensonges pour contrer la douce logique de sa propre femme ? Les Maîtres de l'Univers étaient un ensemble d'effrayants bonshommes en plastique, moches et agressifs avec lesquels sa fille – et c'était sa seule imperfection – adorait jouer. Ils avaient l'air de dieux débiles déformés par l'haltérophilie et portaient des noms comme Dracon, Ahor, Mangelred et Blutong. Ils étaient étonnamment vulgaires, même pour des jouets de plastique. Et, un jour, un de ces beaux jours, en pleine euphorie, après avoir passé un ordre sur des emprunts qui lui avaient rapporté une commission de 50 000 $, *en une seconde*, cette phrase précise avait jailli dans son cerveau. À Wall Street, lui et quelques autres – combien ? trois cents, quatre cents, cinq cents ? – étaient précisément devenus ça… Des Maîtres de l'Univers. Il n'y avait… pas de limite !… aucune limite ! Naturellement il n'avait jamais même chuchoté cette phrase à qui que ce fût. Il n'était pas fou. Et pourtant il ne parvenait pas à l'effacer de ses pensées.

[…]

Bon Dieu, ce n'était pas si terrible dehors. Sherman tira, mais le chien s'agrippait au tapis avec ses griffes.

– Allons, Marshall.

Le portier le regardait.

– Ça n'a pas l'air de lui plaire, M. McCoy.

– À moi non plus, Eddie, dit-il, et il songea qu'il se serait volontiers passé de ses commentaires. Allez, allez, Marshall.

> Maintenant Sherman était sous la pluie et il tirait sur la laisse comme un forcené, mais le dachshund ne cédait pas. Alors il le souleva et l'arracha au tapis plastifié pour le poser sur le trottoir. Le chien tenta de filer vers la porte. Sherman ne pouvait pas donner plus de mou à la laisse, sinon il allait se retrouver à la case départ. Il tirait donc dans un sens, et le chien dans l'autre, la laisse tendue entre eux. Une lutte à la corde acharnée entre un homme et un chien… sur Park Avenue. Et pourquoi diable le portier ne retournait-il pas dans l'immeuble, à sa place ?

© *Le Bûcher des vanités*, Tom Wolfe, Éditions Sylvie Messinger, 1988

Centré sur un personnage qui est l'incarnation même de la réussite sociale, *Le Bûcher des vanités* est avant tout une réflexion sur la tyrannie du paraître. Fils d'un grand avocat, diplômé de Yale et propriétaire (endetté !) d'un somptueux appartement sur Park Avenue, Sherman McCoy vit dans l'obsession de proclamer son pouvoir et sa richesse à la face du monde. Mais lorsqu'il s'égare dans le Bronx en compagnie de sa maîtresse et renverse accidentellement un jeune Noir, qui meurt quelques jours plus tard, sa vie bascule. La chute du brillant trader, précipitée par des médias et des politiciens qui montent l'affaire en épingle, montre le caractère vain et dangereux de cet asservissement aux apparences. C'est l'une des principales leçons du livre : malgré l'illusion de toute-puissance qu'elle procure, la réussite matérielle ne rend pas invulnérable, bien au contraire.

L'obsession du regard des autres

Si le Sherman McCoy du début du livre est un homme (relativement) heureux, c'est parce que les autres le voient comme tel. Son bonheur ne tient qu'à une image, l'image de perfection qu'il a conscience d'exhiber aux yeux du monde à chaque instant de son existence. Sauf quand il trouve refuge dans la « garçonnière » de sa maîtresse, sa vie est une représentation permanente, du matin au soir, même dans les moments les plus simples du quotidien. « *Tout en traversant Park Avenue, il se projeta une image mentale du couple idéal qu'ils formaient. Campbell, l'ange parfait dans son uniforme d'école privée, et lui avec son visage* *impérial, son menton de Yale, sa large carrure et son costume britannique à 1 800 $, le père de l'ange, un homme influent. Il visualisa les regards admiratifs, envieux, des automobilistes, des piétons, de tout le monde. »* Cette obsession de sa réussite, qu'il imagine vue à travers le regard des autres, est tellement ancrée en lui qu'elle ne s'applique plus seulement aux signes extérieurs de richesse, comme son costume ou son appartement, mais aussi à sa personne, et en particulier à son menton adoré. *« Le menton de Yale »* : cette expression ridicule revient souvent dans les pensées du trader, qui voit dans la forme même de son visage un signe de sa puissance – quelques heures avant d'être arrêté, c'est dans cette image d'invulnérabilité qu'il puisera des forces.

Esclaves du dieu dollar

À la décharge du golden boy, il n'est pas seul dans son cas : c'est toute la société environnante qui vit dans le paraître et dans le matérialisme le plus exacerbé. Tom Wolfe souligne ainsi que l'élite intellectuelle, qui a donné au pays ses plus grands politiciens et ses meilleurs poètes, met désormais son intelligence au service de Wall Street. Les diplômés de Yale, Harvard et Stanford n'ont plus qu'un rêve, gagner de l'argent : *« À quarante ans, soit vous faisiez un million par an soit vous étiez timide et incompétent. »*

Et gagner de l'argent pour faire quoi ? Principalement pour montrer aux autres qu'on gagne de l'argent ! Les nouveaux riches sont dépeints sous un jour ridicule – c'est un des aspects les plus drôles du livre. La description de la banque Pierce & Pierce est particulièrement savoureuse... *« Les murs qui l'entouraient étaient recouverts d'un peu plus d'acajou, riche et rougeâtre, monté en panneaux si profond que vous pouviez **sentir** la dépense au bout de vos doigts rien qu'à le regarder. »* Un peu plus loin, Tom Wolfe a cette remarque irrésistible, après avoir expliqué que le patron anglophile n'a pas pu modifier la hauteur des plafonds : *« C'était comme si vous étiez dans un manoir anglais aplati »* ! Le summum est sans doute la cheminée, qui a coûté au patron 350 000 $... et une bataille homérique avec les pompiers de la ville de New York. Malheureusement, deux mois après la construction de la cheminée, le banquier découvre une punaise qui gambade dans son bureau, amenée là par une bûche. Il renonce aussitôt et définitivement à faire du feu – la nature a eu le dernier mot.

On retrouve cette même débauche de luxe chez tous les riches, et notamment chez la maîtresse de Sherman, qui choisit ses tableaux en fonction des articles du *Times* et voyage avec un amoncellement grotesque de bagages. En somme, les pauvres riches sont de véritables esclaves, victimes d'un snobisme qui leur impose tous leurs goûts.

Sans oublier ce paradoxe épouvantable : à force d'ostentation, certains ont du mal à boucler leurs fins de mois ! *« Je suis déjà presque fauché avec 1 million de $ par an ! »*, s'inquiète le jeune trader alors que les premiers nuages viennent assombrir son horizon. De fait, l'examen détaillé de son budget mensuel montre qu'il est un peu « serré », entre son prêt immobilier, la scolarité de sa fille dans une école ultrachic, le personnel de maison et le reste à l'avenant ! La démonstration est claire : l'argent ne libère pas, il asservit.

Même au sommet, la réussite reste relative

Autre paradoxe : même pour ceux qui semblent tout en haut de la pyramide, il y a toujours quelqu'un *encore* un peu plus haut. En l'occurrence, pour Sherman McCoy, l'ennemi numéro un est Browning, son voisin d'immeuble, *« un vrai New-Yorkais qui était sorti des entrailles de sa mère associé cinquantenaire de Davis Polk et président de Downtown Association »*. Face à lui, le golden boy a beau être né avec une cuiller en argent dans la bouche, il restera toujours *« Sherman McCoy le péquenot »*. C'est une question d'origine sociale : si le père de Sherman a régné sur deux cents avocats new-yorkais, son grand-père, lui, a vécu à Knoxville, Tennessee, et rien n'effacera jamais cette tache à son pedigree. La haute bourgeoisie américaine est aussi fermée que son homologue européenne – le mythe américain de la réussite individuelle ne franchit pas ces portes-là. Le jeune financier a beau critiquer ces préjugés de classe lorsqu'il en est lui-même la victime, il les applique, de la même façon. Ainsi, il exprime un mépris certain pour sa femme, fille d'un professeur d'université modeste du Wisconsin.

La course à la reconnaissance sociale est donc une course sans fin, qui plonge les participants dans une frustration permanente. Malgré son autosatisfaction et son arrogance, Sherman McCoy est rongé par la rancœur et l'envie. Rancœur à l'égard d'un Browning à qui sa naissance confère une supériorité contre laquelle il ne peut rien, envie par rapport à son directeur, qui peut s'offrir non seulement une cheminée, mais aussi une nouvelle femme, dès qu'il est lassé de la précédente. Exactement comme pour la décoration de ses bureaux « *Lopwitz a pris ce qu'il désirait* ».

L'illusion de la toute-puissance

Relative, la réussite est également illusoire par le sentiment factice de toute-puissance qu'elle procure, au moins par moment. En réalité, les hommes de pouvoir ne sont pas des maîtres de l'univers mais des hommes comme les autres, vulnérables comme les autres. L'extrait présenté ici montre le malheureux Sherman ridiculisé par son chien qui refuse de sortir pour la promenade – cette dernière étant en fait un prétexte pour aller voir sa maîtresse. Le plus désagréable est que le portier assiste à la scène. « *Pourquoi ne retourne-t-il pas à sa place ?* », s'interroge le financier, ulcéré. La réponse est facile à deviner : sans doute parce que le portier apprécie le spectacle ! De fait, la domesticité moderne n'est plus ce qu'elle était : elle semble avoir oublié que son premier devoir est la servilité. On assiste ainsi à l'exaspération impuissante du golden boy face à la familiarité de son gardien de parking, qui a l'outrecuidance de l'appeler « *Sherm* ».

De fait, pour qui veut donner à tout prix une image de perfection, la menace de l'humiliation est permanente. Devant les « petits », ce qui est désagréable, mais aussi devant les pairs, ce qui est pire encore. Ainsi, on voit le financier assister à un cocktail ultrachic alors qu'il est rongé par la terreur : l'étau se resserre autour de lui et l'on va sans doute découvrir que c'est lui qui a renversé le jeune Noir du Bronx. Incapable de porter le masque d'arrogance de rigueur dans cette société huppée, il se retrouve isolé au milieu des groupes de bavards, dans une solitude voyante qui représente le comble de « *l'ignominie mondaine* ».

Toute l'intrigue du roman repose sur cette idée : il suffit d'une poussière pour que le mécanisme se grippe. Ironiquement, c'est à un moment où Sherman est grisé par son succès que tout bascule. Au volant de sa belle voiture, en compagnie de sa belle maîtresse, il se dit qu'il fait partie de « *ceux dont la destinée naturelle est... d'obtenir ce qu'ils veulent* ». C'est cette ivresse qui lui fait manquer la sortie d'autoroute pour Manhattan, début de l'enchaînement fatal. Sherman sera puni et bien puni pour son arrogance : quelques minutes après l'expression de cet orgueil démesuré, l'accident de voiture viendra bousculer irrémédiablement sa « *destinée naturelle* »...

À vous d'écrire la suite !

Notre promenade littéraire se termine, j'espère que vous y aurez pris autant de plaisir que moi.

Les trente-quatre textes que je vous ai présentés sont autant de coups de cœur. Un choix personnel... et souvent difficile : Balzac, Le Clézio et bien d'autres ont aussi écrit des textes superbes sur l'entreprise. Sans oublier ceux que je ne connais pas et que vous découvrirez, au hasard de vos lectures et de vos conversations. Promenez-vous dans les librairies, parlez littérature autour de vous, et vous ferez sûrement des trouvailles à votre tour. N'hésitez pas à me les faire partager !

Bonne lecture et bonne découverte !

sophie.chabanel@ecriture-et-entreprise.fr

Index des mots clés

Index des auteurs

Index des œuvres citées

www.ingramcontent.com/pod-product-compliance
Lightning Source LLC
Chambersburg PA
CBHW061149220326
41599CB00025B/4409